DU MÊME AUTEUR

Aux mêmes éditions

L'insignifiance tragique, 2001.
Les jeux de Priape. Anthologie d'épigrammes érotiques
(édition et traduction avec Thierry Éloi), 1994.

Aux Éditions Actes Sud

Plaute, *La marmite* suivi de *Pseudolus* (traduction et préface), 2001.

Aux Éditions L'Arche

Sophocle, *Antigone* (traduction et postface), 2007.

Aux Éditions Armand Colin

Le théâtre latin, 1999.

Aux Éditions Aubier

Aristote ou le Vampire du théâtre occidental, 2007.

Aux Éditions Belin

Façons de parler grec à Rome (direction d'ouvrage, avec Emmanuelle Valette-Cagnac), 2005.
L'érotisme masculin dans la Rome antique (avec Thierry Éloi), 2001, 2009.
Médée de Sénèque : un théâtre de la violence, 2000.
Les monstres de Sénèque : pour une dramaturgie de la tragédie romaine, 1995.

Aux Éditions Les Belles Lettres

L'acteur-roi ou le Théâtre dans la Rome antique, 1985.

Aux Éditions de la Découverte

Le plaisir et la loi : du Banquet *de Platon au* Satiricon, 2002.
L'invention de la littérature : de l'ivresse grecque au texte latin, 1998.

Aux Éditions Denoël

L'affaire Milon. Meurtre sur la voie appienne, 1987.

Aux Éditions Hachette Littératures

Le citoyen romain sous la République, 1994.
Homère et Dallas : introduction à une critique anthropologique, 1990 (réédition Kimé, 2001).

SUITE DES ŒUVRES DE FLORENCE DUPONT EN FIN D'OUVRAGE

Rome, la ville sans origine

Florence Dupont

Rome, la ville sans origine

L'*Énéide* : un grand récit du métissage ?

LE PROMENEUR

Projet graphique :
Pier Luigi Cerri.

En frontispice et document de couverture : Le sacrifice d'Énée aux Pénates. Bas-relief de l'Ara Pacis Augustae, à Rome. Photo © Luisa Ricciarini/Leemage.

Pour Yan Thomas, trop tôt disparu.

Introduction

Identité nationale et origines à Rome : l'*origo*

Ce livre invite à repenser et déconstruire l'idée contemporaine d'identité nationale à partir de l'Antiquité romaine. Le point d'ancrage de cette déconstruction sera l'*Énéide* de Virgile, qui passe pour le « poème national » par excellence, formule anachronique et donc suspecte. Le doux Virgile pourrait bien servir d'alibi « humaniste » et donc intouchable à une idéologie nationaliste apparue au XIXe siècle. Comme si le nationalisme était un penchant naturel des hommes, traversant les siècles.

Ce projet suppose d'explorer préalablement l'imaginaire romain de la citoyenneté puisque dans l'Antiquité un homme libre se définit par son rattachement à une cité. Les Romains passent pour avoir été des parangons de nationalisme, parce que menacés dans leur identité par la culture grecque après avoir conquis l'Orient méditerranéen. Tout le monde connaît ces vers d'Horace, l'ami de Virgile, dans l'*Épître à Auguste* :

> Et la Grèce conquise a conquis son sauvage vainqueur,
> et importa les arts dans les campagnes latines[1]*.

Mais il ne faut pas interpréter trop vite les vers d'un poète qui lui-même se glorifie d'avoir importé en Italie les odes grecques :

> On dira de moi....
> que je fus le premier à marier l'ode éolienne
> aux musiques italiennes[2].

* Les notes ont été regroupées en fin d'ouvrage, p. 177.

Notre exploration va nous faire revenir sur ces idées reçues, puisqu'en fin de compte il apparaîtra que la citoyenneté romaine était vide de toute définition identitaire, culturelle, ethnique, religieuse, linguistique ou autre ; qu'être latin ou italien ne voulait pas dire grand-chose ; car être un citoyen romain, c'était, comme Énée, nécessairement venir d'ailleurs ; ce que confirme le grand « poème national » qui brouille tous les fils généalogiques. Entre Rome et la Grèce ce ne fut jamais « le choc des civilisations » et nous verrons au Ier siècle av. J.-C. des Romains parfois plus grecs que les Grecs[3].

Pourquoi revenir à l'Antiquité ?

L'Antiquité, plus que toute autre période historique, conforte les idéologies, qu'elles soient de « gauche » ou de « droite », donnant ainsi aux penseurs européens le sentiment confortable que leurs idées ont toujours été là. Ils se projettent dans les Anciens qui ainsi modernisés leur servent d'origine. L'anthropologie de l'Antiquité cherche à bousculer ce confort intellectuel grâce au fameux « regard éloigné » — éloigné par 2 000 ans d'histoire et de cultures diverses qui s'interposent entre « eux » et « nous ». L'anthropologie brise le fil du temps, ne gardant de l'histoire que la distance, et refusant tout présupposé évolutionniste. « Nous » ne vivons pas comme « eux » — les Romains et les Grecs —, « nous » ne pensons pas comme « eux », et ces différences ne sont pas l'effet d'un progrès technique et moral, immanent à l'histoire de l'humanité. Entre « eux » et « nous », il y a juste des distances inestimables. Pour finir, nous reviendrons dans le temps présent avec un autre regard sur nous-mêmes ; la réalité que nous vivons n'est pas nécessaire ; nous n'avons peut-être pas besoin d'identité nationale.

Pourquoi Rome et non Athènes ?

Athènes était une cité refermée sur elle-même. L'Athénien était citoyen de père — et de mère — en fils ; le peuple d'Athènes n'accordait que rarement la citoyenneté à des étrangers. Comme toutes les cités grecques, elle affirmait jalousement son identité.

Ce repliement sur soi des cités grecques tient à leur idéal de liberté (*eleutheria*) qui les conduisait à cultiver systématiquement leurs différences et à s'en glorifier. Chacune revendique un panthéon, un alphabet, des lois et une langue qui lui sont propres. Chaque cité a sa *politeia* (constitution), c'est-à-dire sa façon de vivre en *polis* (en cité), qui lui donne son identité ; cette *politeia* est un ensemble de lois régissant aussi bien la structure sociale, la vie politique — ces *poleis* peuvent être gouvernées par une oligarchie, le peuple entier, un tyran ou des rois — que l'éducation des enfants. Elle relève du *nomos* (la convention, la loi) et non de la *phusis* (la nature). À l'origine de cette *politeia*, il y a le plus souvent un Sage mythique, un nomothète, comme Lycurgue à Sparte, Solon à Athènes, ou encore Dracon et Thésée. Le *bios* (la façon de vivre, les mœurs, la culture) est différent dans chaque cité : rien de plus éloigné que le guerrier spartiate du rameur athénien.

Cette culture de la différence est une affirmation d'identité au sein de l'hellénisme, ce qu'en linguistique on appellerait une dialectisation. Cependant, même si la citoyenneté est toujours héréditaire, aucune de ces cités ne revendique une identité biologique originelle, transmise par le sang, un caractère atavique, un génie ancestral qui constitueraient une essence athénienne, spartiate, thébaine ou milésienne. Aucune différence physique de naissance, aucune nature identitaire ne signalent l'appartenance à une cité ou à une autre. Les cités grecques ne cultivent que des différences « politiques », des différences de *politeia*. Si les femmes spartiates sont plus belles, c'est seulement parce qu'elles pratiquent intensément l'éducation physique. Ce qui n'empêche pas chaque cité de développer des fictions identitaires, comme les généalogies mythiques de Thèbes ou l'autochtonie athénienne. « Façons de dire, façons de faire », les cités grecques avaient « l'esprit de clocher ». Métèques et étrangers étaient les premières victimes de cette *eleutheria* lors des troubles politiques.

Rome appliquait une politique différente. Un historien grec de l'époque d'Auguste, sensible à cette particularité, Denys d'Halicarnasse, remarque qu'au lieu d'asservir ou de massacrer les peuples vaincus les Romains créent des colonies auxquelles ils donnent le droit de cité. Sa remarque a d'autant plus de poids qu'il cherche par ailleurs tout ce qui peut prouver que les Romains sont des Grecs. Mais sur ce point la différence est irréductible :

> Quand on compare les coutumes des Grecs à ces dernières [celles des Romains], je ne puis trouver aucune raison de chanter les louanges de celles des Lacédémoniens ou des Thébains ou des Athéniens, qui se glorifient tellement de leur sagesse ; tous, jaloux de leur noble naissance et n'accordant la citoyenneté à personne ou à très peu de gens (je ne dis rien sur le fait que certains même chassaient les étrangers) [4].

C'est pourquoi, ajoute-t-il, ils sont devenus les maîtres du monde quand les Grecs périclitaient. Sa richesse et sa puissance, Rome la doit à son immense population de citoyens libres et d'origine étrangère, des ennemis vaincus puis intégrés à l'*imperium* [5] qui ont fourni à la *res publica* des armées innombrables et une élite sans cesse renouvelée.

Cette politique fut toujours celle de Rome, comme le rappellera l'empereur Claude en 48 apr. J.-C. devant le Sénat :

> Mes ancêtres, dont le plus ancien, Clausus, originaire (*origine*) de la Sabine, fut admis en même temps au droit de cité romaine et au rang des familles patriciennes, m'exhortent à prendre des mesures semblables pour l'administration de l'État, en transférant ici ce qu'il a pu y avoir quelque part d'excellent. En effet, je n'ignore pas que les Iulii sont venus d'Albe, les Coruncanii de Camerium, les Porcii de Tusculum et, sans fouiller les temps anciens, que d'Étrurie, de Lucanie et de l'Italie entière nous avons fait venir des sénateurs, qu'enfin les bornes de cette contrée elle-même furent portées jusqu'aux Alpes, pour que non seulement des individus à titre personnel, mais des pays, des nations se fondissent dans notre peuple (*in nomen nostrum*). Alors la paix fut solide à l'intérieur ; et nous eûmes face à l'étranger une situation florissante, quand les habitants de l'autre côté du Pô furent accueillis dans la cité, quand, sous le couvert de nos légions établies dans tout l'univers, par l'admission des provinciaux les plus vigoureux, il fut remédié à l'affaiblissement de l'empire. Regrette-

> t-on que d'Espagne les Balbi, de Gaule narbonnaise des hommes non moins distingués aient passé chez nous ? Leur postérité demeure et leur amour pour cette patrie (*in hanc patriam*) n'est pas inférieur au nôtre. Quelle autre cause perdit les Lacédémoniens et les Athéniens, malgré leur puissance militaire, sinon qu'ils écartaient les vaincus sous prétexte qu'ils appartenaient à des lignées étrangères (*alienigenis*) ? Au contraire, le fondateur de notre État, Romulus, fit preuve d'une telle sagesse que bien des peuples (*populos*), le même jour, il les eut pour ennemis, puis pour concitoyens. Des étrangers ont régné sur nous ; des fils d'affranchis ont accès aux magistratures, non pas, comme bien des gens le croient à tort, par une innovation récente, mais selon une pratique fréquente de l'ancienne république[6].

Rome était une ville ouverte, toujours inachevée, à la différence de la cité grecque qui dès sa fondation était complète et autosuffisante[7].

Il était donc tentant d'aller voir à Rome ce qu'il en était de l'identité nationale dans cette société bigarrée, qu'on dirait aujourd'hui peut-être un peu vite « multiculturelle » et qui fut celle de « nos ancêtres les Romains ». Comment vivaient-ils l'accès à la citoyenneté de milliers et de milliers d'étrangers qui affluaient dans la Ville, d'Orient et d'Occident ? Parlaient-ils d'intégration ? De menace contre leur identité ? Comment se vivaient ces Romains d'Orient, toujours citoyens de leur petite cité grecque tout en étant chevaliers ou même sénateurs de Rome ? Que devenait leur propre *politeia* ? Leur *bios* ? Les Romains du siècle d'Auguste voyaient-ils Rome sur le modèle d'une cité grecque, autrement dit conservant son identité — son *bios* et sa *politeia* — mais étendue aux dimensions de l'Univers ?

Où se situait l'identité d'un Romain ? Le sujet fait débat chez les historiens modernes. Le mieux est d'interroger les Romains eux-mêmes, ou du moins les traces qu'ils ont laissées de leurs discours et de leur imaginaire pour y retrouver un savoir partagé, une « idée romaine » de la citoyenneté.

*L'*origo*, spécificité romaine*

Rome se définit comme toute cité antique sur le modèle grec par ses institutions politiques, le droit et les lois, sa langue, ses rituels religieux civiques et une mémoire : c'est-à-dire une histoire qui commence avec un fondateur mythique éponyme, en l'occurrence Romulus. La différence tient donc à cette citoyenneté largement distribuée.

À Rome comme partout ailleurs les fils de citoyens sont citoyens quand ils accèdent à l'âge d'homme. Mais à côté d'eux, il y a, d'année en année toujours plus nombreuse, une foule d'étrangers qui reçoivent le droit de cité, selon une procédure qui permettait à Rome de s'adjoindre en une seule fois les richesses et les talents de centaines et de centaines d'hommes. Rome inventa au début du Ier siècle av. J.-C., après les guerres « des alliés »[8], une procédure juridique de naturalisation adaptée aux dimensions géographiques et politiques de l'*imperium.* Elle permettait aux peuples vaincus d'Italie, au lieu de constituer des populations soumises, toujours susceptibles de se révolter, de se fondre dans le *populus romanus* sans perdre leurs identités originelles.

La procédure consistait à attribuer à tous les citoyens une *origo*, un « lieu d'ancrage » dans l'*imperium* ; cette *origo* qu'un Romain héritait de son père et transmettait à son fils lui donnait accès à la citoyenneté[9]. Son *origo* le rattachait à une ville, colonie ou municipe dont les citoyens avaient reçu collectivement le droit de cité romaine. Ce lieu pouvait être au cœur du Latium, au fin fond de l'Espagne ou à l'extrémité orientale de la Méditerranée. Tout Romain était ainsi à la fois citoyen de Rome et citoyen de la ville qui était son *origo,* même s'il pouvait n'avoir jamais habité ni dans l'une ni dans l'autre. C'est pourquoi l'*origo* est une fiction juridique indépendante de la domiciliation d'un citoyen ou de son lieu de naissance. Mais cette fiction juridique est le lien réel qui rattache un citoyen au territoire de l'*imperium* romain et lui confère la *ciuitas.*

Ainsi ce territoire peut s'agrandir à l'infini sans que les peuples soumis résistent à la romanisation, en s'accrochant à leur origine grecque, égyptienne, gauloise ou juive[10]. Bien au contraire, c'est en tant que citoyens de villes grecques, gauloises ou palestiniennes avec leurs propres institutions municipales que ces Gaulois, Grecs, Égyptiens ou Juifs sont romains. Plutarque, illustre polygraphe grec et citoyen romain, est un exemple de cette double appartenance : il était né en Béotie et citoyen de Chéronée ; devenu ami de nobles romains, grâce à son activité littéraire en grec, il reçut la citoyenneté romaine et prit le nom de Lucius Mestrius Plutarchus. Hadrien le nomma plus tard procurateur d'Achaïe, ce qui fit de lui l'égal d'un sénateur. Rome encourage les Grecs à préserver leur altérité à l'intérieur de l'empire. Ainsi fut instauré à Platée par les Romains eux-mêmes un concours où était couronné « le meilleur des Grecs »[11].

La *res publica* a donc en ce qui concerne le droit de cité une pratique bien différente des autres *politeiai* ; cette différence excède celles que cultivent les cités grecques, elle est indicible dans les termes de la philosophie politique grecque. Les historiens grecs ont bien décrit cette politique d'ouverture de Rome aux étrangers, mais la notion d'*origo*, fiction juridique, était intraduisible[12] et même invisible pour les Grecs. Ils notent l'ouverture de Rome aux étrangers mais n'en perçoivent pas la conceptualisation juridique. Et comme tout discours et toute pensée politiques dans l'Antiquité se formulent dans les cadres de la philosophie grecque, cette notion n'apparaît pas dans les textes sur les constitutions antiques. Seul Cicéron, dont l'*origo* est Arpinum, en parle dans le *De legibus*, mais sans en faire un concept.

> ATTICUS : Mais que voulais-tu dire tout à l'heure en parlant de ce lieu que je t'entends nommer Arpinum, comme étant ta patrie et celle de ton frère ? Avez-vous deux patries ? N'y a-t-il pas une patrie commune ? La patrie de Caton ne serait-elle pas Rome, mais Tusculum ?
>
> MARCUS : Oui certes, et Caton et tous les citoyens des municipes ont, je crois, deux patries, une de naissance (*naturae*), l'autre politique (*ciuitatis*) ; ainsi ce Caton dont tu parles, né à Tusculum, avait droit de cité à Rome. Donc tusculan d'origine (*ortu*), romain par droit de cité (*ciuitate*), il avait une première

> patrie, de par le lieu de son origine (*loci*) et une autre de par le droit (*juris*) [13].

Il utilise le terme de *patria* — terre des *patres* — et distingue ainsi la patrie par la naissance (*natura*), qui donc est l'origine (*ortu*) héréditaire et singulière, d'avec la patrie par le droit (*ciuitate*). Mais après cette description parfaitement exacte du droit romain, Cicéron, pour penser ce dispositif, le compare avec le synœcisme [14] athénien auquel il le réduit :

> C'est comme tes chers Athéniens quand Thésée leur eut fait abandonner les champs pour les réunir dans ce qu'on appela *astu* (la ville) ; ils étaient à la fois Suniens et Athéniens. De même nous regardons comme nos patries et le lieu où nous sommes nés et la cité qui nous a conféré la qualité de membres.

Comparaison historiquement inadéquate car le synœcisme est un mythe athénien attribuant à Thésée la création d'un centre urbain dans le territoire attique, et ce mythe qui rend compte du rattachement des Athéniens à un dème, une circonscription électorale, n'a jamais servi à distribuer la citoyenneté athénienne à des étrangers. L'*origo* n'est pas soluble dans la philosophie grecque.

C'est donc de cette notion proprement romaine d'*origo* que nous allons partir pour explorer l'identité civique à Rome : puisque l'*origo* est ce qui fait le citoyen romain, nous allons suivre l'imaginaire romain de cette *origo* pour découvrir quelle identité elle lui confère. Et puisqu'on ne trouve pas à Rome une pensée de l'*origo*, nous passerons par les pratiques publiques où elle intervient.

Celles-ci consistent, outre cette fiction juridique, constitutive de la citoyenneté, en trois rituels publics liés entre eux, annuels et célébrés par l'élite politique de la Ville : le sacrifice aux Pénates de Rome à Lavinium, la célébration des Féries latines et le renouvellement du traité (*foedus*) qui lie Rome à cette ville fantôme, dont nous verrons qu'elle est comme l'*origo* de Rome. Lavinium est la cité fondée par Énée : l'*origo* nous entraîne donc hors de Rome, et loin de Romulus. À ces trois pratiques, nous ajouterons l'*Énéide*.

*Pourquoi l'*Énéide*?*

Pour compléter l'exploration de ces pratiques de l'*origo* en relation avec Lavinium nous regarderons ce grand « poème national[15] » latin, l'*Énéide* de Virgile, qui passe pour célébrer l'identité romaine à travers une épopée consacrée à l'ancêtre de Romulus et à la *gens Iulia* (la famille de César et d'Auguste). Or cette épopée, écrite sur le modèle homérique, célèbre le héros fondateur de Lavinium, Énée, et raconte comment il est venu de Troie pour installer ses Pénates en Italie : les Pénates auxquels vont sacrifier à Lavinium les consuls lors de leur entrée en charge sont ceux d'Énée. L'*Énéide* donc nous ramène à l'*origo*.

Nous aborderons l'*Énéide* comme une pratique verbale et un objet anthropologique complexe, sans respect littéraire. L'anthropologue traite les « grands » textes comme n'importe quelle autre pratique culturelle[16]. Une approche anthropologique de l'*Énéide* impose donc de retrouver son usage romain, son fonctionnement premier, indépendamment des effusions littéraires sur le « doux poète mantouan » ou son « génie prophétique ». Le regard éloigné impose de ne pas ramener l'inconnu au connu et donc de ne pas oublier que l'*Énéide* est aussi un fait historique, indépendamment des lectures philosophiques, sociologiques, littéraires ou même inspirées qui ont pu en être faites.

Or, une fois débarrassée de tous ces commentaires, l'*Énéide* est un objet déroutant : que penser d'un texte écrit — et qui se donne pour tel — et qui n'est pas destiné à des performances chantées, mais qui commence par le performatif latin *cano* (je chante)[17] ? Quand un verbe performatif comme *cano* est privé de son efficacité par le contexte, il n'est plus que son image verbale. Il faut un chanteur pour chanter comme il faut un prêtre pour baptiser, sinon le verbe — je baptise, je chante — est la dénégation de l'acte qui est désigné sans être réalisé. Il nous faut donc accepter cette dénégation inaugurale du poème et en retrouver la pragmatique : or le verbe *cano* est, dans ce contexte, la traduction latine convenue du grec *adô* qui, lui, renvoie à de véritables performances chantées. Par conséquent, *cano* signifie ici : « je compose en écrivant en latin des vers sur le modèle de la poésie épique grecque transcrite ». L'*Énéide* se présente d'emblée comme la dénégation du chant homérique, une forme bien particulière de traduction.

La poétique de l'*Énéide* a-t-elle à voir avec l'*origo* ? Reprenant le modèle grec des poèmes de fondation, Virgile ne l'aurait-il pas détourné pour en faire un poème de l'*origo* ?

Questions de méthode

Cette enquête sur l'*origo* va donc associer deux domaines disparates qui relèvent l'un d'une grande sophistication intellectuelle, le droit public romain, l'autre de la pensée sauvage, un rituel pur, sans spiritualité et sans théologie, avec une figure mythique, sortie d'Homère, Énée, et une fiction purement littéraire, l'*Énéide*. Comment travailler sur un corpus aussi hétérogène ?

Visant à faire une anthropologie de l'imaginaire romain, notre projet ne peut envisager Rome comme s'il s'agissait d'une nation moderne, avec un territoire, une population, une économie, une langue et une histoire décrits de l'extérieur en termes modernes, sans passer par les représentations que les Romains se faisaient d'eux-mêmes. Nous ne chercherons donc pas à faire une histoire positive de Rome.

Nous n'en ferons pas non plus la préhistoire. Certains archéologues[18] cherchent les « vraies » origines de Rome, en datant des tessons de poterie et des bouts de mur retrouvés sur son territoire, afin de remonter jusqu'aux débuts de la cité, décrits comme une migration ou une sédentarisation. Les archéologues veulent toucher du doigt la réalité matérielle des peuples antiques. Réalité que des historiens confrontent à ce qu'ils appellent les « sources littéraires ». Tout heureux quand ils pensent apporter une confirmation à des « traditions légendaires », lesquelles ne sauraient être selon eux que la déformation poétique d'événements réels. Comment croire à Romulus fils de Mars ? Les modernes ont besoin de vérités positives à substituer aux fables anciennes, tout en leur trouvant une place dans leur savoir. La tombe d'Énée trouvée à Lavinium ne prouve-t-elle pas que la légende d'Énée a un « fond de vérité » ?

Pourquoi cette démarche est-elle pour nous intellectuellement intenable? Parce que ceux qui utilisent ainsi l'archéologie[19] mélangent deux systèmes temporels incompatibles : une chronologie universelle, le temps unifié et orienté d'un monde globalisé — le nôtre, celui des historiens — et le temps mythique d'une fiction, un temps sans référent qui n'est que le temps du discours et que les Anciens placent hors du temps de l'histoire, aux « débuts » d'une cité, ces débuts que les Grecs appelaient aussi *archeologia*. La ressemblance des termes ne doit pas faire illusion ; d'un côté l'archéologie, une vérité scientifique arrachée aux entrailles de la terre, qui témoigne d'un temps vécu au passé, de l'autre une fiction sans cesse remodelée qui sert de mémoire à un temps vécu au présent et se confond avec lui : l'*archeologia*. L'*archeologia* mythologique n'est pas de l'histoire fabuleuse racontée jadis à de grands enfants dont la science moderne devrait rechercher aujourd'hui le noyau positif, mais des récits d'adultes destinés à fonder le présent sans se noyer dans le gouffre du passé en créant un autre temps, celui des *arkhaia* (les débuts). Les Anciens maîtrisaient parfaitement les deux types de récit, l'histoire événementielle et l'*archeologia*. Ils ne croyaient pas plus que nous à Romulus et à Mars, sachant très bien que le mythe ne doit sa vérité qu'au présent de son énonciation. Quand Tite-Live raconte la fondation de Rome, il ne prétend pas rapporter des événements mais illustrer sa domination sur le monde selon l'habitude reconnue par tous de mêler les dieux aux hommes dans les discours des origines :

> Les faits qui ont précédé ou accompagné la fondation de Rome se présentent embellis par les fictions des poètes (*poeticis fabulis*), plutôt qu'appuyés sur des documents, sur des événements passés : je ne veux pas plus les affirmer que les contester. On pardonne à l'antiquité de mêler les dieux aux affaires humaines afin de rendre plus augustes les débuts des cités (*primordia urbium*). Or, s'il est permis à un peuple de rendre ses origines (*origines*) sacrées et de les rapporter aux dieux comme auteurs, certes c'est au peuple romain ; et quand il veut faire du

> dieu Mars le père (*parentem*) du fondateur de Rome et le sien, sa gloire dans les armes est assez grande pour que les peuples du monde l'acceptent sans état d'âme, comme ils acceptent sa domination [20].

On sourit aux récits de Schliemann [21] qui chercha Troie, l'*Iliade* à la main, en creusant une colline turque et trouva neuf villes superposées, puis qui crut découvrir en Grèce le tombeau d'Agamemnon et les bijoux d'Hélène. Comme si la vérité de Troie était les ruines d'Hissarlik ; la vérité de Troie est l'imaginaire qui s'est déployé, siècle après siècle, à partir des poèmes homériques et de tous les récits qui ont suivi. Comme si les origines de Rome étaient les tombes fouillées dans le forum ou les fonds de cabane trouvés sur le Palatin [22]. Certains ne désespéreraient pas d'y découvrir un jour le crâne de Romulus. Un historien moderne ne peut pas croire à Romulus fils de Mars ? Croire ou ne pas croire n'est pas la même chose aujourd'hui et au Ier siècle av. J.-C. [23]. Les historiens modernes croient aux causes économiques et sociales ; ils ne croient pas à la mythologie mais ils croient au grand récit de l'évolution. Les Anciens n'avaient pas besoin de croire en des récits. Les dieux étaient suffisamment présents dans chaque moment de leur vie pour que la question de la croyance ne se pose pas.

Les origines de Rome sont donc un imaginaire que nous allons tenter de saisir au Ier siècle av. J.-C. Sans privilégier une élite « éclairée », qui serait plus proche de « nous », plus « évoluée » — les poètes, les philosophes et les grands hommes —, aux dépens des classes inférieures qui seraient encore engluées dans les superstitions ancestrales. Cicéron, César, Virgile ou Auguste nous sont *a priori* aussi incompréhensibles que le paysan qui bine son champ sous le soleil et qui ne voit pas plus loin que le dieu Terme bornant son domaine : ils partagent un même imaginaire. Auguste ou Virgile n'étaient ni en avance sur leur temps, comme on entend souvent dire dans les médias, ni au-dessus des idées vulgaires ou des passions communes, transcendés par leur génie ou leur destin, ni plus proches de notre « raison ».

Cet imaginaire commun cependant ne les enferme pas dans

une vision du monde unifiée, une *Weltanschauung*, car ils partagent non pas un système de représentations figées mais un ensemble de pratiques de toutes sortes — y compris verbales et esthétiques — grâce auxquelles une communauté vit dans l'espace qui est le sien. C'est un savoir-vivre, des savoir-faire partagés, suscitant des discours contradictoires et plus ou moins sophistiqués.

Chapitre 1

Aux origines de Rome il n'y a que des histoires grecques

Pourquoi, dans ces conditions, ne pas chercher l'identité de Rome directement dans le récit de sa fondation par les jumeaux Rémus et Romulus ? Ou du côté d'Énée l'ancêtre troyen ? Ces récits ne conféraient-ils pas aux Romains une identité singulière ? Ne trouve-t-on pas là des mythes romains originels, issus de vieilles traditions orales italiques, ou mieux encore indo-européennes, antérieures à l'influence grecque [1] ?

Une merveilleuse illusion ?

Tout le monde connaît cette histoire de Rémus et de Romulus avec la louve et celle des Troyens venus en Italie sous la conduite d'Énée portant son père sur son dos. Nous la lisons aujourd'hui dans les ouvrages de mythographie comme une vérité d'évangile [2], mais ce récit qui donne une double origine de Rome n'a rien d'ancien. Certes il est devenu majoritaire à la fin de la République, mais ce que nous lisons est une construction de mythographes à partir de quelques textes anciens, grecs et latins. Choisir d'autres textes donne d'autres histoires de la fondation de Rome.

Mais restons-en pour le moment à ce qui est devenu le récit canonique au Ier siècle av. J.-C. Voici donc brièvement ce qui se raconte de nos jours. Énée, avec son père, son fils et quelques Troyens, réussit à échapper à la destruction de Troie par les Grecs. Ils errent dans la Méditerranée puis abordent sur les rives du Latium. Là, Énée épouse la fille du roi Latinus et fonde la ville de Lavinium. Après sa mort, son fils Ascagne ou Iule fonde Albe non loin de Lavinium. Plusieurs générations plus tard, venant d'Albe, Romulus et Rémus fondent Rome. Ils sont les fils jumeaux de Rhéa Silvia, fille du roi Numitor que son frère Amulius a privé de son trône, et du dieu Mars. Les bébés abandonnés dans les eaux du Tibre et sauvés par une louve rétablissent, une fois adultes, leur grand-père sur le trône d'Albe avant de fonder leur propre cité, non loin de là, avec une bande de brigands et de bergers. Rémus meurt, Romulus régnera seul.

Cette histoire en fait encore rêver plus d'un et l'érudition nourrit leurs rêves[3]. Historiens et archéologues s'acharnent à établir des correspondances entre la légende et des traces d'occupation humaine attestées par quelques vieilles nécropoles, des tessons de poterie orientalisante, des fonds de cabane ; des disciples de Dumézil et autres adeptes de la mythologie comparée veulent retrouver les fameux schémas ternaires indo-européens ou traquent les « mythème » des jumeaux, de la louve, du frère assassiné et autres, dans les religions du monde[4].

Cette version a recouvert toutes les autres, faisant croire à une légende unique. Ce qui a été la cause de bien des malentendus, car des érudits de toute discipline se sont emparés de cette histoire comme d'un mythe ancestral, venu du fond des âges, alors qu'il s'agit d'un artefact mythographique qui associe et recompose des sources d'origine disparate ; d'autres récits sont possibles à partir d'autres sources moins connues. Romulus n'est pas toujours le fondateur de Rome.

Ce résumé que nous avons présenté utilise deux auteurs, l'un grec — Plutarque —, l'autre latin — Tite-Live —, qui eux-mêmes avaient composé leur récit à partir de sources mythographiques écrites en grec pour celles que nous connaissons. Aucun ne se réfère à des traditions orales, des contes de bergers latins, des chants ancestraux sur les bords du Tibre. Plutarque est un auteur grec de la fin du Ier siècle apr. J.-C. qui suit le récit de Fabius Pictor, historien romain écrivant en grec qui lui-même reprenait Dioclès de Péparéthos. Donc, grâce à Plutarque, nous avons accès à un état ancien et grec (Dioclès de Péparéthos aurait écrit vers 350 av. J.-C. et Fabius Pictor vers 210 av. J.-C.)

de cette version, désormais la plus connue, de la fondation de Rome par Rémus et Romulus.

Mais le récit de Fabius Pictor commençait seulement avec l'arrivée d'Énée en Italie. Il donnait ensuite la chronologie détaillée des rois d'Albe issus d'Énée jusqu'à la naissance de Rémus et Romulus puis racontait la fondation de Rome par les jumeaux. Il faut donc ajouter à ce premier récit l'histoire d'Énée jusqu'en Italie, à partir de Tite-Live, auteur du Ier siècle apr. J.-C., mais qui utilise des sources anciennes bien qu'il ne les précise pas. (Énée était l'objet de nombreux récits, indépendamment de celui de la fondation de Rome par Romulus.) L'articulation des deux histoires telle qu'on la lit au premier siècle av. J.-C. est relativement récente[5].

Donc avant de se lancer dans l'aventure des interprétations et chercher dans ces récits le fondement de l'identité romaine, il faut répondre à une question primordiale : ce récit reconstitué n'est-il pas une merveilleuse illusion que notre désir de mythes ancestraux a placée aux origines de « notre Rome »? Autrement dit, aux origines de nos origines? L'alternative est la suivante.

Soit il est possible de retrouver derrière les sources littéraires des traditions orales anciennes propres à Rome, et de reconstituer un mythe indigène qui aurait été dispersé et fragmenté en de multiples variantes, historiques, poétiques, politiques, et rendu ainsi méconnaissable, donc de faire apparaître, en comparant toutes les sources, une structure immanente commune[6]. Notre version canonique, bien qu'elle soit une élaboration de mythographes, présenterait en ce cas une forme de vérité puisqu'elle serait une variante d'un récit unique, identitaire. C'est ainsi que procède la méthode structuraliste qui prévaut encore actuellement. Tous les documents ont une égale valeur car tous renvoient à une même structure signifiante. Avec des implications idéologiques lourdes : affirmer l'existence à Rome d'un récit premier sur ses origines, c'est essentialiser une représentation identitaire, immanente, attachée aux figures d'Énée et de Romulus, récit dans lequel les Romains se seraient reconnus au cours des siècles.

Soit, au contraire, les fragments disparates conservés n'autorisent pas cette reconstitution. Il n'y aurait pas un mais des récits d'origines. Il faudrait alors reconsidérer toutes nos sources et changer de perspective : on ne peut plus les étudier comme des documents transparents, synchroniques, donnant accès à une version originaire; il convient de leur rendre leur opacité historique et leur diversité. Et puisque les énoncés conservés sont les traces d'événements, c'est-à-dire de récits comme pratiques, il nous faut comprendre de quels actes de langage différents ces sources multiples et disparates sont la trace. Pour quel usage? Pour qui? Qui a raconté l'histoire de Romulus fondateur de Rome, d'Énée fondateur de Lavinium? Avec quel type de discours? Les récits cessent alors d'être des données d'évidence, selon l'idée que conter serait dans la nature humaine, qu'il serait « normal » de raconter ses origines[7]. Les récits deviennent les effets de diverses pratiques culturelles, historiquement et socialement déterminées. Raconter des origines n'est donc plus *a priori* exprimer sous forme de récit une identité essentialisée, c'est un acte dont la fonction et la signification sont à reconstituer, socialement et historiquement.

Et puisqu'il est question de pratique, il nous faudra alors comprendre à quoi correspond le geste de Virgile installant par une œuvre homérique ce qui était en train de s'imposer comme la version canonique des origines de Rome. C'est considérer que Virgile ne raconte pas une histoire préexistante mais qu'il crée un texte dont la poétique construit la signification. Si l'*Énéide* ne présente pas, sous les ornements de l'épopée, une variante d'un récit unique, alors l'*Énéide* est un geste énonciatif à analyser dans sa globalité. Ainsi, que les aventures d'Énée soient « chantées » en latin dans un langage homérique n'est pas indifférent au sens de l'*Énéide* comme pratique romaine des origines.

Des récits sans commune mesure

Donc, peut-on reconstituer une version unifiée à partir de la multitude d'histoires sur la fondation de Rome? Tous les autres récits nous semblent aujourd'hui extravagants tellement notre mémoire est captive des jumeaux et de la louve, du Troyen

Énée avec son père sur son dos. On pouvait imaginer retrouver un ou deux motifs communs — des mythèmes — aux différents récits, comme les jumeaux justement ou Énée et son vieux père. Or il n'en est rien, le seul point commun à tous ces récits est le nom de Rome qui intervient différemment dans chaque histoire[8]. On peut, en effet, distinguer deux groupes d'histoires : celles qui exploitent le nom de Rome par le féminin grec *Rhômè*, celles qui forment à partir du nom de la ville un nom masculin, Romus, Rémus ou Romulus. Les deux peuvent parfois interférer.

Le calque grec du nom latin *Roma, Rhômè* — signifiant « force » en grec —, ouvre sur des récits où Rome est une ville grecque fondée par des Grecs. C'est ainsi que les Pélages auraient appelé leur ville « Force » pour signifier leur propre valeur guerrière. Ailleurs, le nom propre Rhômè est le nom d'une noble Troyenne ; la ville est alors fondée par des Troyens fugitifs mais sans qu'il soit question d'Énée :

> Suivant d'autres auteurs, quelques Troyens, qui s'échappèrent après la prise de leur ville, se jetèrent dans des vaisseaux qu'ils trouvèrent tout prêts, et, portés par les vents sur les côtes de l'Étrurie, ils débarquèrent près du fleuve Tibre. Leurs femmes étant déjà fatiguées du voyage, et hors d'état de soutenir plus longtemps les incommodités de la mer, une d'entre elles, nommée Rhômè, aussi distinguée par sa prudence que par sa noblesse, leur conseilla de brûler les vaisseaux ; ce qu'elles firent. Leurs maris en furent d'abord très irrités ; mais ensuite, cédant à la nécessité, ils s'établirent près du mont Palatin. Bientôt ils s'y trouvèrent beaucoup mieux qu'ils ne l'avaient espéré, voyant que le terrain était fertile, et que les voisins les traitaient avec douceur, ils rendirent de grands honneurs à Rhômè, et entre autres ils donnèrent son nom à la ville dont ils lui devaient la fondation. De là vient, dit-on, la coutume encore en vigueur que les femmes embrassent sur la bouche leurs parents et leurs maris ; car les Troyennes, après avoir brûlé les vaisseaux, donnèrent cette marque de tendresse à leurs époux en tâchant, par des supplications, de fléchir leur colère[9].

Notons que cette Troyenne porte un nom grec, comme tous les héros troyens d'Homère. Dans de nombreux récits, en effet, les

Troyens ne sont pas distingués, culturellement et ethniquement, des Grecs. Ils ne confèrent pas aux Romains une identité spécifique, autre que grecque.

Dans le *Deucalionea*, Hellanicos de Lesbos (ve siècle av. J.-C.) aurait été le premier à rapporter la légende de la fondation de Rome par le Troyen Énée, ce qu'on appelle ordinairement la légende troyenne de Rome. Énée apparaît associé à cette fameuse Rhômè dans plusieurs versions énumérées brièvement par Plutarque, qui présente un catalogue des femmes nommées Rhômè ayant donné leur nom à la ville de Rome.

> D'autres prétendent que la ville doit son nom à Rhômè, fille d'Italus et de Leucaria. Suivant d'autres, cette Rhômè était fille de Télèphe, fils d'Hercule, et femme d'Énée ou bien, selon une autre tradition, fille d'Ascagne, le fils d'Énée [10].

Épouse d'Énée, fille d'Ascagne, ou sans ascendance troyenne, Rhômè est grecque indifféremment par son nom ou par ses parents [11].

Cette Rome sans Romulus, donc sans Albe et sans Lavinium, perdure jusqu'à la fin de la République parallèlement à la version romuléenne. L'historien Salluste, au Iᵉʳ siècle av. J.-C., attribue lui aussi à des Troyens errant à l'aventure sous la conduite d'Énée la fondation de Rome, qu'il fait remonter au temps de la guerre de Troie [12]. Sa source probable, Hyperochos (à travers *Ateius philologus*), ajoute, comme il arrive fréquemment dans les récits de fondation, une strate antérieure. Il y a eu un avant-Énée.

> Ateius dit que Rome avant l'arrivée d'Évandre fut longtemps appelée Valentia mais ensuite elle reçut un nom grec et fut appelée Rome [13].

On retrouve une Rome fondée avant l'arrivée d'Énée. Il refondera la ville ensuite avec le Grec Évandre. Rome est ici à l'origine une cité aborigène dont le nom est une anticipation latine, dans une sorte de passé antérieur, de son nom grec. *Valentia*, « la vigueur », est la traduction latine, peu usitée mais attestée à l'époque républicaine, du grec *rhômè*. Cette construction archaïsante montre comment un récit de fondation qui reste grec peut offrir aux Romains une archéologie indigène de leur cité grecque. À quelle époque écrit Hyperochos ? Au IVe siècle ou IIIe siècle av. J -C. ? En tout cas, il est remarquable qu'il fasse du nom latin de Rome, Valentia, la dénomination archaïque d'une Rome qui n'est pas encore Rome, une Rome qui a précédé la venue d'Énée et d'Évandre et qui ne deviendra vraiment Rome que nantie d'un nom grec. La composante indigène que représente dans ce récit la langue latine est donc insuffisante pour constituer totalement Rome : elle a besoin de l'apport extérieur gréco-troyen.

Quand Rome ne vient pas de Rhômè, elle reçoit son nom de divers fondateurs éponymes, grecs ou non : comme Romanos ou Romos, fils d'Ulysse et de Circé, ou Romus, fils d'Émathion, que Diomède avait envoyé à Troie, un Grec lui aussi. Romus est parfois le fils d'Ascagne, ou celui d'Émathion ou encore le fils d'Italus et de Leucaria, la fille de Latinus [14]. On trouve un roi des Latins, Romis, qui fonde la Ville après avoir chassé du pays les Tyrrhéniens, c'est-à-dire les Étrusques, présentés alors comme des envahisseurs grecs, passés de Thessalie en Lydie, puis de Lydie en Italie [15].

Romulus lui-même, quand son nom apparaît, n'est pas toujours celui que nous connaissons. Il y a un Romulos, fils d'Énée et d'une Grecque, Dexithéa, fille de Phorbas. Un autre Romulus est le petit-fils d'Énée et le fils d'une nouvelle Rhômè fille d'Énée et de Dexithéa, mariée à Latinus, fils de Télémaque et donc aussi petit-fils d'Ulysse. Famille recomposée s'il en est. Un autre Romulus est toujours petit-fils d'Énée, mais par sa fille Emilia et le dieu Mars. C'est cette version qui se trouvait chez les anciens poètes romains, Naevius, Fabius Pictor et Ennius [16]. Il n'y est question ni d'Albe ni d'Ascagne. On passe directement de Lavinium à Rome, en deux générations.

Plutarque rapporte longuement une version étrusque, très curieuse, de la naissance de Romulus mais qui se passe à Albe, ici ville étrusque, en l'attribuant à un certain Promathion, auteur d'une *Histoire d'Italie* [17] :

> Tarchétius, roi des Albains, le plus injuste et le plus cruel des hommes, eut dans son palais une apparition divine : il vit s'élever de son foyer un phallus qui y resta plusieurs jours. Il y avait alors en Tyrrhénie un oracle de Téthys, que Tarchétius envoya consulter, et qui ordonna qu'on fît approcher de ce phallus une jeune fille, « il en naîtrait un fils qui deviendrait très célèbre, et qui par son courage, sa fortune et sa force (*rhômè*), surpasserait tous les hommes de son temps ». Tarchétius fit part à une de ses filles de la réponse de l'oracle, et lui ordonna de l'accomplir. Elle refusa, et envoya à sa place une de ses suivantes. Tarchétius, l'ayant su, en fut si irrité qu'il commanda qu'on les prît toutes deux et qu'on les fît mourir. Mais Vesta lui apparut en songe, et lui défendit de leur ôter la vie. Il leur donna donc une toile à faire dans la prison, et leur promit de les marier quand elle serait achevée. Elles y travaillaient toute la journée, et pendant la nuit d'autres femmes venaient, par ordre de Tarchétius, défaire leur ouvrage. Cependant la suivante accoucha de deux jumeaux, que le roi remit à un certain Tératius, pour qu'il les fît périr. Cet homme les exposa sur le bord du fleuve, où une louve vint les allaiter, et où des oiseaux de toute sorte leur apportaient de la nourriture, et la leur donnaient par petites bouchées. Un bouvier qui s'en aperçut, frappé d'abord d'étonnement, osa cependant s'approcher, et emporta les enfants. Ainsi sauvés, dès qu'ils furent assez grands, ils allèrent attaquer Tarchétius, et le défirent.

Cette histoire, qui ressemble beaucoup à celle des fils de Rhéa Silvia, diffère sur un point : les jumeaux sont fils d'une esclave et sans ascendance troyenne. Énée et sa famille ont disparu. S'agit-il vraiment de Romulus et de Rémus ? Leurs noms ne sont pas mentionnés, cependant l'allusion à la force, *rhômè*, semble l'indiquer.

Plutarque, racontant la vie de Romulus, va finalement privilégier le récit « le plus généralement attesté », celui que nous avons résumé en tête de chapitre et qu'il attribue pour l'essentiel à Dioclès de Péparéthos qui, dit-il, « le premier, je crois, a écrit l'histoire de la fondation de Rome » [18].

À cet acte de foi de Plutarque au Ier siècle apr. J.-C. répond l'indécision de Denys d'Halicarnasse, deux siècles plus tôt, qui essaie d'établir une chronologie afin de dater la fondation de Rome. Pour essayer de s'y retrouver dans ce dédale de récits [19] sur lesquels personne ne s'accorde, il décide de s'en tenir aux seules synthèses réalisées par les historiens romains récents à partir de leurs sources grecques : il trouve quand même trois Rome successives.

> Selon leur [les historiens romains] récit, il y eut deux fondations de Rome, l'une après la guerre de Troie, et la seconde quinze générations après la première. Et si quelqu'un veut bien examiner un passé plus lointain, il trouvera même une troisième Rome, plus ancienne que ces deux premières, qui fut fondée avant Énée et les Troyens venus en Italie. (...) Antiochos de Syracuse dit que quand Morges régnait sur l'Italie (qui à ce moment-là comprenait tout le littoral entre Tarente et Posidonia), un homme qui avait été banni de Rome arriva chez lui. Voici ce qu'Antiochos dit : « Quand Italus devint vieux, Morges devint roi. Durant son règne vint un homme qui avait été banni de Rome ; il s'appelait Sikélos. » Donc selon l'historien de Syracuse, on trouve une Rome ancienne antérieure à la guerre de Troie[20].

Ces quelques exemples montrent la diversité et la confusion qui règnent parmi les multiples récits sur les origines de Rome à la fin de la République. Nous possédons vingt-cinq versions différentes de la fondation de Rome. Mais il n'est pas besoin de faire un relevé exhaustif pour constater que la méthode structuraliste qui consisterait à chercher le plus petit dénominateur commun n'aboutirait à rien. Quoi de commun, en effet, entre la fondation de la Valentia des Aborigènes, de Rhômè par Énée, de Roma par Romos le fils d'Ulysse ou le petit-fils d'Ulysse et d'Énée, et celle de « notre » Rome par les jumeaux fils de Mars et de la Vestale albaine ?

Il faut renoncer à une analyse structurale ou générative qui nous permettrait de reconstituer un schéma narratif immanent, proprement romain, « un schéma fondamental identique »[21] isolable et sur lequel pourrait, légitimement, s'exercer la cohorte des herméneutiques habituelles, des plus marxistes aux plus ésotériques[22]. Aucun motif, pas même celui des jumeaux ou celui du fratricide, à se mettre sous la dent.

Le seul élément commun est le nom de Rome, qui est sans doute le point de départ de tous ces récits, car il est fréquent dans l'Antiquité qu'un récit mythologique se déduise de l'étymologie d'un nom propre. L'étymologisme est un jeu de langage bien attesté chez les Anciens. En revanche, nous n'avons aucune preuve que ces fameuses « antiques traditions italiques », postulées par les modernes, aient jamais existé. Le seul argument en leur faveur serait une sorte d'anthropologie générale qui attribue *a priori* à tous les peuples primitifs une transmission orale de mythes ancestraux des origines[23].

Toutes nos sources, quand elles mentionnent d'où viennent ces récits de fondation de Rome, les rapportent toujours à des historiens, des philologues ou des logographes grecs qui les avaient puisés chez les mythographes au service des cités d'Italie, de Sicile, de Grèce et d'ailleurs. C'est donc aux pratiques mythographiques de ces cités de la Méditerranée, qu'on connaît à partir du ve siècle av. J.-C., que nous renvoie notre catalogue des fondations de Rome. Rome aurait-elle été, sur ce point, une cité comme les autres ? C'est-à-dire une cité grecque ?

Une cité est grecque ou elle n'est pas

Que racontent les gens dans les cités antiques sur le pourtour méditerranéen quand ils disent les premiers temps de leur ville ? Ils célèbrent par des performances poétiques, lors de cultes publics ou privés dédiés aux dieux de la cité, les héros fondateurs. Ce sont ces récits de fondation que reprennent ensuite historiens et mythographes en les systématisant selon des schémas récurrents. Toutes leurs histoires ont un air de famille : un héros, fils de dieu ou fils de roi, vient d'ailleurs pour fonder la cité, il donnera son nom à la ville, à la citadelle ou au pays alentour. Chaque histoire s'éparpille en multiples versions, plus ou moins longues, chacune apportant des variantes et ajoutant des péripéties. Parfois, plusieurs héros fondateurs sont en concurrence. Dans une version synthétique, l'un deviendra peut-être le fils de l'autre, ou son père. Les histoires s'empilent sans se remplacer. Aucune n'est la vraie. Les versions foisonnent et se ramifient.

Des motifs s'ajoutent à volonté : par exemple, si la fondation est une colonie, le fondateur arrive d'une autre cité sur l'avis d'un oracle. Thèbes est fondée en Béotie par Cadmos, fils d'Agénor, roi de Tyr, après consultation de la Pythie à Delphes. Pour choisir le site de Thèbes, le dieu lui enjoint de suivre une vache jusqu'à ce qu'elle s'abatte, épuisée de fatigue[24]. D'autres héros fondateurs de cité suivent une truie, un pic vert, des aigles[25]... Avec parfois une péripétie matrimoniale : le chef de l'expédition épouse la fille d'un roi local qui lui donne un territoire pour construire sa ville.

C'est ainsi que fut fondée la colonie de Massilia[26] (Marseille). Les commandants de la flotte venue de Phocée (Ionie), Simos et Protis, débarquent près de l'embouchure du Rhône, dans un golfe isolé (le futur Vieux Port), et vont trouver le roi des Ségobriges qui régnait sur l'intérieur des terres. Ce jour-là, le roi se préparait à donner en mariage sa fille Gyptis à un gendre choisi pendant le banquet, selon la coutume de son peuple. Les hôtes grecs sont conviés au festin avec tous les prétendants. Ils arrivent au moment où la jeune fille est priée par son père d'offrir de l'eau à celui qu'elle choisit pour époux, elle se tourne vers les Grecs sans tenir compte de tous les prétendants et offre l'eau à Protis, qui, d'hôte devenu gendre, reçut de son beau-père un emplacement pour fonder la ville.

Autre addition possible : anticipant le héros fondateur, étaient déjà passés par là Hercule, Ulysse, un héros homérique plus ou moins célèbre dont la noblesse locale se dit issue. À Cyrène, colonie africaine, la venue de Troyens, fils d'Anténor, accompagnés d'Hélène, précède la fondation par Battos, originaire de Thera et issu d'une lignée spartiate, envoyé en Libye par la Pythie de Delphes[27]. La priorité recule d'un cran. Dans les récits de fondation, il peut toujours s'ajouter un avant de l'avant.

Ce modèle de récit n'est pas limité aux cités parlant un dialecte grec. Il est utilisé par tous les peuples de la Méditerranée pour indiquer leur appartenance au monde civilisé, c'est-à-dire hellénisé, sans que cette prééminence de la civilisation grecque soit ressentie comme un impérialisme culturel à combattre.

Les Étrusques se disent issus de Lydiens (Grecs installés sur la côte ouest de l'actuelle Turquie) qui auraient quitté leur terre d'origine chassés par la famine; ils ont été conduits par Tyrrhénos, le fils d'Atys roi de Maeonia[28]. Ces Lydiens arrivèrent en Ombrie (Italie), où ils fondèrent de nombreuses villes et prirent le nom de Tyrrhéniens[29]. Les Phéniciens se racontent de la même façon : la fondation de Carthage, cité phénicienne, *Qart Hadasht*, « Nouvelle Ville », est attribuée à la reine Élissa ou Didon, fille du roi de Tyr qui s'enfuit de Phénicie après que son frère Pygmalion a assassiné son mari Sychée. Après une escale à Chypre, Élissa s'installe sur les côtes d'Afrique, dans l'actuelle Tunisie; le roi du pays, Hiarbas, consent à lui offrir un territoire « aussi grand que pourrait en recouvrir une peau de bœuf ». Élissa découpe alors cette peau en lanières dont elle entoure un territoire suffisant pour y bâtir une citadelle. Ce territoire, appelé Byrsa (« cuir » en grec), deviendra le centre historique de la cité punique.

Pas plus que les Étrusques Carthage ne cherche à affirmer une identité originelle qui valoriserait ses origines phéniciennes comme une forme d'altérité par rapport à la Grèce. Au contraire, le récit de sa fondation suit un modèle grec et n'est intelligible qu'en grec[30]. Il part de l'étymologie grecque de Byrsa (« cuir ») qui détermine la ruse d'Élissa. En effet, ces récits de fondation sont souvent fabriqués par des logographes — écrivains professionnels — à partir d'un jeu sur le nom de la cité en utilisant des schémas récurrents, comme celui de la peau de bœuf servant à délimiter le territoire de la future cité.

Puniques, étrusques ou autres, ces cités utilisent des récits semblables et ne cherchent pas à se donner des origines qui leur conféreraient une identité différente d'une cité grecque, bien au contraire. Avoir un récit de fondation en fait des cités, c'est-à-dire des cités grecques, certes parfois situées dans les confins un peu barbares de l'hellénisme, mais il n'y a pas d'alternative identitaire. La composante barbare n'est qu'une nuance qui ne confère pas une identité autre. Elle marque une situation marginale dans un espace géographique hellénisé qui va en s'agrandissant avec la colonisation. Au fur et à mesure que cet espace s'étend, les cités des marges se rapprochent du centre et perdent leur nuance barbare.

Les héros fondateurs arrivent souvent avec des populations

mélangées grecques et non grecques, sans que cela fasse de différence. Didon la Phénicienne débarque en Afrique avec de jeunes Chypriotes, enlevées par les Tyréens qui l'accompagnent afin de s'en faire des épouses. Auxquelles s'ajoutera un contingent issu des populations locales numides. Même indifférence dans les noms des acteurs de ces fondations, qui hésitent parfois entre une forme « barbare » et une forme grecque. Élissa est un nom grec, Didon est un nom phénicien ou numide. Les Étrusques et les Carthaginois utilisaient leur propre langue en plus du grec, comme en témoigne l'épigraphie. Mais dans le récit de fondation, les éléments grecs se mélangent et fusionnent avec leurs identités originelles. S'agit-il, d'ailleurs, vraiment d'identités ? Cadmos, fondateur de Thèbes, venait de Tyr comme Didon, fondatrice de Carthage. Thèbes n'est pas pour autant « un peu » phénicienne.

Si tous les récits de fondation de cité sont des récits grecs, c'est qu'il n'y a de cité que grecque, il n'y a pas de contre-modèle politique culturellement équivalent à la *polis* en Méditerranée. Toutes les cités que décrivent Aristote ou Polybe[31] ont une *politeia* — une constitution —, que ce soit Rome, Carthage, Athènes ou Sparte ; chacune est une variante d'un même modèle socio-politique : la *polis*. Il n'y a pas d'autre façon de penser ou de se penser pour des civilisés. La *polis* est un paradigme universel qui informe tout discours philosophique, historique ou mythologique sur une société civilisée.

Le récit de sa fondation, propre à chaque cité tout en combinant des motifs communs, la situe donc dans la constellation des cités hellènes — Massilia, Cyrène — ou hellénisées — Rome, Carthage. Quand un héros géographiquement marginal intervient dans ces récits des origines, il sert parfois à dire un écart, sans conséquence identitaire, qui marque la cité, par rapport à la Grèce continentale[32]. Comme Cyrène en Libye, d'autres cités situées sur les limites géographiques du monde hellénisé — Samothrace, Milet ou Chypre — auraient ainsi accueilli des Troyens après la chute de la ville, variante exotique des origines homériques. Exotisme souvent compensé par la venue d'autres figures plus centrales, doriennes ou achéennes. À Cyrène, Battos, venu de Sparte, compense les fils d'Anténor, venus de Troie plusieurs générations avant lui. De toute façon, cet effet d'écart disparaît avec le temps car l'hellénisme s'étend et fait reculer le monde barbare.

Le propre de ce monde hellénisé et globalisé est sa diversification interne; chaque cité ressemble à toutes les autres mais cultive sa différence, y compris dans ses récits de fondation, une différence qui n'est jamais cependant que de l'ordre de la variante. Un fondateur troyen est une forme de variante, la cité reste une fondation grecque. En témoignent les objets d'art retrouvés dans les cités périphériques. Ainsi l'art étrusque est un art grec par les sujets mythologiques traités et le type d'objet : ornements de temple, vases funéraires et vaisselle de banquet. Importations de Grèce ou productions locales, chaque cité crée son style[33]. Comme pour les récits de fondation, tous semblables et tous différents.

Les cités que les historiens aujourd'hui ne considèrent pas comme grecques, les villes étrusques par exemple ou encore Carthage, sont pour les historiens grecs des cités éloignées sans être autres. Elles-mêmes revendiquent dans leurs récits de fondation des origines plus ou moins grecques, récits qu'ont repris et nous ont transmis les historiens grecs.

D'une façon générale, l'étrangeté des peuples italiens[34] est perçue par les Grecs simplement comme des traces d'archaïsme. Ils seraient issus de Grecs venus en Italie avant la guerre de Troie, descendraient des antiques Pélasges ou encore des Arcadiens primitifs, qui se seraient mélangés à des populations locales, définies par le terme organique d'Aborigènes, qu'ils auraient civilisées et assimilées. Mais ces Aborigènes eux-mêmes peuvent être aussi, chez certains historiens, des Grecs venus en Italie encore avant. Rien n'est jamais certain dans ces récits d'origine que l'on trouve en Italie, sauf qu'à la fin il n'y a plus que des Grecs. D'un historien à l'autre le même peuple est composé d'autochtones hirsutes et nomades, civilisés par un héros grec fondateur, comme les Oenôtres le furent par Italos, ou bien il descend d'antiques colonisateurs grecs, aussi archaïques sinon plus que les héros d'Homère.

Ces cités italiennes n'attachent visiblement pas d'importance à leur origine ethnique au sens moderne du terme : seuls comptent les rattachements généalogiques à des héros grecs, c'est-à-dire appartenant à la poésie grecque, invoqués ou inventés au cas par cas, selon les circonstances. Ils leur permettent de prendre place dans les échanges entre cités. Pour demander une alliance, il peut être utile par exemple de « se souvenir » d'ancêtres ayant combattu ensemble, il y a des siècles et des siècles, sous les murs de Troie. C'est ainsi qu'en 133 av. J.-C. Attale III, roi de Pergame, légua son royaume aux Romains, ses « parents » par Énée, qui en firent aussitôt la province d'Asie[35].

Qui sont les Autres ? Les barbares ontologiquement irréductibles ? Il y a de « vrais barbares » en Italie[36], ce sont les Samnites, aussi féroces que les Gaulois. Ces Samnites asservissent la Campanie au ve siècle, prennent Cumes et Posidonia. Ces villes basculent dans l'obscurité, disparaissent de la civilisation comme le dit le verbe grec *ekbarbarôsthai* (tomber dans la barbarie), elles sortent du *nomen graecum* et perdent même la langue grecque.

Cela dit, tout est encore une question de point de vue. C'est ainsi que les Étrusques sont dénoncés par les Syracusains comme des guerriers sanguinaires pratiquant le sacrifice humain. Dans la sixième *Pythique*, célébrant Hiéron vainqueur des Étrusques sur mer à Cumes et des Carthaginois à Himère, Pindare[37] compare les ennemis du tyran de Syracuse aux Perses vaincus à Marathon et à Salamine, et fait de Hiéron le libérateur des Grecs contre l'*hybris* barbare. Mais les mêmes Étrusques seront des quasi-Grecs pour leurs alliés d'Athènes.

Grecs ou barbares ? Entre les deux images le choix est vite fait. Quand les cités des bords de la Méditerranée se forgent une identité, elles le font toutes en usant du même langage « grec », celui de la cité, de sa fondation et de sa *politeia*. Si elles marquent leur différence, c'est par un écart stylistique, une dialectisation au sein de l'hellénisme. Pour un peuple, affirmer face aux Grecs une altérité radicale serait s'avouer barbare, mais il n'aurait alors ni langue ni langage autres que le grec pour le dire. Par définition, les barbares ne font entendre que des borborygmes.

Les récits de fondation constituent un espace idéologiquement unifié, grec, même s'ils se réalisent dans des pratiques discursives différentes : historiques, philologiques, religieuses... d'où des variations tenant à ces pratiques discursives différentes et non à des différences ethniques[38]. Ces pratiques discursives qui ont des finalités différentes prennent sens à l'intérieur de l'hellénisme. Quand Rome raconte ses origines, elle parle le langage grec des fondations. Il est impossible de trouver dans aucun récit de fondation de Rome des épisodes « indigènes » servant à dire une identité romaine qui se distinguerait ou s'opposerait à la Grèce. Tout ce qui sert à raconter la fondation de Rome, quelle que soit la version, se retrouve dans d'autres récits de fondation de cités grecques. Ce qui n'a rien d'étonnant puisqu'il s'agit chaque fois de la même pratique narrative, consistant à s'affirmer comme cité grecque.

Rome polis hellènis[39] *: une ville grecque comme les autres ?*

C'est pourquoi il nous faut renoncer à distinguer dans les récits de fondation de Rome, comme cela a souvent été fait, une part de légendes proprement romaines ou laviniates, c'est-à-dire des récits indigènes, à côté des « affabulations grecques »[40].

On peut supposer qu'il y a eu de multiples récits de fondation, commandés officieusement à des mythographes par des pontifes, des magistrats ou des chefs de clan romains afin de présenter Rome comme une cité grecque dans leurs relations extérieures, d'en donner l'image aux barbares, au monde grec et à eux-mêmes. Dans leurs échanges avec les autres cités méditerranéennes — guerres, commerce ou ambassades — les Romains devaient s'égaler à leurs partenaires grecs ou hellénisés. Une légende de fondation était un moyen entre autres de le faire. Elle variait selon les circonstances, les destinataires et le commanditaire lui-même qui en profitait pour valoriser sa famille.

Cependant, s'il n'y a pas à reconstituer un récit ancien et premier de la fondation de Rome, si tous les récits de sa fondation sont des gestes mythographiques en situation d'échange au sein de l'hellénisme, ne trouve-t-on pas à l'intérieur du discours grec de fondation pratiqué par les Romains l'affirmation d'une différence qui serait plus qu'une variante ? Dès le IIIe siècle, en effet, les Romains maîtres de l'Italie ne sont plus une cité grecque comme les autres et les Grecs ne les considèrent pas comme tels. Les Romains n'ont-ils pas alors cherché à dire dans de nouveaux récits de fondation leur vocation de peuple impérial afin de modifier les termes de l'échange avec les autres cités ? Liant ainsi leur puissance à une part non grecque de leurs origines. Soit du côté troyen, soit du côté latin. N'est-ce pas ce qui aurait fait justement le succès du récit de Fabius Pictor, qui aurait donné aux Romains en plus de leur origine grecque une origine non grecque, grâce à Énée le Troyen ? ou à Romulus le Latin ?

Affirmer une identité différente grâce à des ancêtres troyens semble une tâche impossible. Les Troyens n'avaient pas vocation dans l'Antiquité à figurer l'altérité face aux Grecs. Pierre Vidal-Naquet[41] montre que nulle part, dans l'*Iliade*, on ne voit s'affirmer un « peuple grec » (les Achéens), face à un peuple ethniquement différent, à des « barbares » (les Troyens) : les deux adversaires sont aussi « grecs » l'un que l'autre, ils ont la même culture, la même religion, les mêmes structures mentales, la même langue, le même *bios* et ne s'opposent que dans une guerre de caractère symétrique. Les Troyens n'étaient pas « moins grecs » que les Achéens. La guerre de Troie n'était pas une guerre de civilisation.

Chez Fabius Pictor, Énée vient de Troie pour que sa descendance fonde Rome, comme Ulysse qui passe en Italie où il a trois fils de Circé, Ardas, Antias et Romos, qui vont fonder trois villes dans le Latium[42]. Les voyages d'Ulysse comme tous les Retours permettent aux cités méditerranéennes de se donner un héros fondateur issu d'Homère. Le même usage est fait des voyages d'Héraclès. Même usage aussi des Troyens qui vont fonder des cités aux confins de l'Hellade avant ou après la chute de Troie. On les retrouve ainsi en Vénétie, avec Anténor, qui fonde la ville de Patavium (l'actuelle Padoue), y ayant conduit les Énètes ou Vénètes de Paphlagonie, pays grec, depuis l'Asie Mineure à l'extrémité nord de la mer Adriatique, où ils s'établirent, donnant leur nom à la région, la Vénétie.

Un fondateur troyen est assimilable à un fondateur venu de Grèce continentale. Le personnage d'Anténor — selon certains historiens —, que l'on retrouve aussi en Afrique avec Ménélas sur les lieux de la future Cyrène, suggère qu'un fondateur troyen est souvent à l'origine des cités situées aux confins de l'hellénisme, du moins tant qu'elles le sont encore[43]. On le voit en Sicile, avec Ségeste ou Égeste, la ville des Élymes, un mélange de Troyens et de Sicanes selon la tradition grecque. Thucydide écrit à leur sujet qu'ils s'étaient enfuis de Troie après sa chute, qu'ils descendent d'Élymos, un fils bâtard d'Anchise. Cette connotation exotique, si elle a existé, n'est pas fondamentale, preuve en est que le héros fondateur d'une même ville, ici Rome, peut aussi bien être troyen, Romulus fils d'Énée, ou grec, Romos fils d'Ulysse, ou réunissant les deux lignages : Romos petit-fils d'Énée et d'Ulysse. La présence d'Énée dans le récit de Fabius Pictor reprend la tradition des fondateurs grecs.

La même indifférence ethnique se manifeste chez Fabius Pictor, comme chez les autres historiens anciens, vis-à-vis de la composante indigène. Les populations locales n'ont pas d'identité propre. Soit elles se civilisent et abandonnent toute forme de sauvagerie au contact des fondateurs « grecs », soit elles se révèlent finalement d'origine grecque et leurs coutumes singulières ne sont que des variantes du *bios* grec. C'est le cas des Aborigènes. Chez Salluste qui ne suit pas le récit canonique, ils sont de parfaits sauvages, civilisés par Énée, qui forment très vite une cité :

> Rome fut, dit-on, fondée et habitée primitivement par les Troyens, qui avaient abandonné leur pays sous la conduite d'Énée et, sans demeures fixes, allaient à l'aventure ; avec eux vécurent les Aborigènes, peuple (*genus*) de paysans, sans lois, sans pouvoir institué, jouissant d'une liberté sans limite. Réunis dans une même enceinte, tous ces hommes, d'origine différente (*dispari genere*), ne parlant pas la même langue, n'ayant pas les mêmes coutumes, se fondirent avec une incroyable facilité. C'est ainsi que très vite une multitude sans attache commune et sans lien de famille devint une cité grâce à une volonté et des sentiments communs (*concordia*)[44].

Caton, qui suit Fabius Pictor, écrit dans ses *Origines* que les Aborigènes qui peuplent l'Italie sont des Grecs arrivés bien avant la guerre de Troie :

> Selon Caton, les Aborigènes, premiers habitants d'Italie, étaient des Grecs (...) ayant émigré avant la Guerre de Troie[45] (...) Caton dit que l'Italie fut d'abord habitée par les Aborigènes. Après l'arrivée d'Énée ils se réunirent avec les Phrygiens pour former un peuple qui fut appelé les Latins[46].

Ce sont ces Grecs qui unis aux Troyens compagnons d'Énée ont donné les Latins et donc Romulus. Caton, ce Caton dont les historiens modernes ne manquent jamais de rappeler l'attachement aux vieilles valeurs romaines — le *mos maiorum* —, ne présente pas une version italienne des origines de Rome. Si pour Caton les Latins sont des Grecs mêlés à des Orientaux, c'est-à-dire à son époque des « hyper-Grecs », on est loin d'une identité romaine, latine, italienne, occidentale.

Visiblement, l'identité romaine, si elle s'est affirmée au Ier siècle av. J.-C., ne l'a pas été dans un récit de fondation car les récits de fondation n'ont pas ce pouvoir d'affirmation. Ils sont instables et variables et ne disent pas l'identité d'une cité. Un même peuple peut s'attribuer, selon les jours, une origine grecque, une origine semi-grecque et une origine non grecque. L'origine n'est pas l'être de ce peuple.

C'est pourquoi les récits de fondation peuvent faire se succéder les migrations vers la Grèce ou venant de Grèce : le premier voyage peut toujours en cacher un autre, un mythographe peut toujours jouer un coup en arrière, en inventant un avant de l'avant. C'est ainsi que les Étrusques sont tantôt italiens, tantôt grecs. Tyrrhenios, prince lydien, donc Grec d'Asie, s'exile après la prise de Troie et fonde le peuple des Étrusques en Italie. Mais un autre récit raconte que Dardanos, constructeur de la citadelle de Troie, était originaire de la ville étrusque de Cortona qu'il aurait fondée en s'unissant aux Aborigènes avant de partir pour Troie. Grecques, troyennes, italiennes, ces variations d'origine ne changent rien à la nature d'une cité, c'est souvent juste une question de politique étrangère. Un récit de fondation n'est pas un mythe identitaire, le mythe d'origine d'une cité qui en définirait l'essence dans le présent[47].

Les récits de fondation de Rome la situent dans une Méditerranée traversée de migrations incessantes, d'est en ouest, du nord au sud et inversement. Le nom des populations et leurs origines sont instables et mélangés, vont et viennent entre le centre hellène et des confins qui reculent sans cesse. Les récits sur la fondation de Rome, celui de Fabius Pictor comme les autres, ne font que ressasser des débuts qui finissent toujours par être grecs. Des débuts qui n'engagent pas la cité dans une histoire, des débuts qui n'engagent à rien. Ils ne sont destinés ni à expliquer ce qui suivra, ni à le commencer.

Les Romains sont-ils des Grecs altérés ?
Un hellénisme organique

Ces Romains qui ont conquis la Méditerranée orientale sont-ils des Grecs depuis toujours et non des barbares hellénisés ? Ce qui devrait consoler les cités soumises et amener les Romains à voir dans les vaincus hellènes leurs semblables. Un historien grec du Ier siècle av. J.-C., Denys d'Halicarnasse[48], a voulu le démontrer en reprenant la stratégie des mythographes, telle que nous venons de la voir à l'œuvre. Projet qui aujourd'hui étonne toujours ses lecteurs modernes, comme un paradoxe absolu. En effet, cet historien grec de Rome, contemporain de Virgile, montre dans tout son ouvrage que les Romains sont d'une certaine façon restés des Grecs archaïques, plus proches du monde homérique que des Athéniens du Ve siècle. Ils se seraient arrêtés dans le temps de leurs origines communes.

> Mais toutes les autres indications de leur origine grecque, ils les conservent plus qu'aucune autre colonie. Ce n'est pas simplement récemment, (...) qu'ils ont commencé à vivre dans l'entente mutuelle (*philian*) ; mais plutôt dès le moment où ils se sont associés la première fois pour fonder la ville, ils ont vécu selon le mode de vie grec (*bion Hellèna zôntes*) ; et ils ne font rien de plus pour arriver à la vertu maintenant qu'autrefois[49].

Tout le chapitre I de ses *Antiquités romaines* traite des origines des Romains ; piochant un peu partout, Denys trouve sans mal chez les mythographes et historiens grecs tout ce qui peut être utile à sa démonstration. Pour donner aux peuples indigènes du Latium des origines grecques, il multiplie les migrations préalables à l'arrivée d'Énée. Le Latium devient une terre grecque depuis toujours. Il compte cinq vagues migratoires venues de Grèce[50]. La première, dix-sept générations avant la guerre de Troie, est menée par le fils de l'Arcadien Lycaon qui installa les Oenôtres devenus ensuite les Aborigènes (I, 9-16). Puis arrivent les Pélasges, venus d'Argos dans le Péloponnèse, mais, chassés par la famine, ils quittent l'Italie (17-31). Une troisième vague arrive, deux générations avant la guerre de Troie ; encore une fois, ce sont des Arcadiens, conduits par le roi Évandre. Les Aborigènes et leur roi Faunus les installent sur le Palatin — dont le nom est mis en rapport avec Pallantium en Arcadie. Ils sont immédiatement suivis par une troupe de Troyens et de Péloponnésiens, accompagnant Héraclès, qui s'installent sur le futur Capitole (34-44). Enfin arrivent Énée et les Troyens en fuite (46-60). Denys va à ce moment-là (61) démontrer que les Troyens sont eux-mêmes des Grecs, grâce à un nouveau récit de migration. L'explication remonte à Atlas, premier roi d'Arcadie, qui suite à un déluge emmena la moitié des habitants, avec à leur tête Dardanos — dont descend Énée — ; ils gagnèrent Samothrace, terre trop inhospitalière qu'ils quittèrent pour s'installer dans la future Phrygie où Dardanos fonda une cité sur le territoire que lui donna le roi Teucer. Selon certains auteurs, écrit Denys d'Halicarnasse, il y aurait même rencontré des Grecs venus de l'Attique.

Ensuite, au cours des chapitres suivants, Denys d'Halicarnasse va régulièrement rapprocher les coutumes romaines avec des coutumes grecques très anciennes et désormais obsolètes, montrant ainsi qu'il ne s'agit pas d'adoptions récentes. Par exemple, il met en relation certains chars romains — des triges — utilisés lors des premiers jeux votifs célébrés dans le cirque, après la bataille du lac Régille, en 499 av. J.-C., avec le char de Patrocle dans l'*Iliade* d'Homère. Or, à l'époque classique, le char à trois chevaux avait pratiquement disparu de Grèce.

Denys d'Halicarnasse utilise le même type de démonstration à propos du pagne des athlètes romains qui les distingue des athlètes grecs de son temps, qui concourent nus.

> Cette coutume a duré chez les Romains jusqu'à notre temps, telle qu'on l'observait autrefois chez les Grecs. Aujourd'hui elle n'est plus d'usage dans la Grèce : les Lacédémoniens l'ont abolie, Acanthus de Lacédémone fut le premier qui ôta tous ses habits pour courir nu dans les jeux olympiques la première année de la quinzième olympiade[51]. Avant ce temps-là tous les Grecs regardaient comme une chose honteuse de paraître tout nu dans le stade. Homère, le plus digne de foi et le plus ancien de tous les auteurs, nous en fournit une preuve convaincante, lorsqu'il représente ses héros ceints de quelque morceau d'étoffe. Voici comme il parle de la lutte d'Ajax et d'Ulysse dans les jeux funèbres célébrés en l'honneur de Patrocle : « Ces deux héros se mettent des ceintures autour des reins, et s'avancent au milieu de l'arène. »[52].

Ainsi, conclut Denys, les Romains n'ont pu emprunter cette coutume aux Grecs après le VIIe siècle av. J.-C. et il faut donc remonter, pour trouver une explication, aux origines communes, c'est-à-dire aux Aborigènes venus de Grèce.

Quant aux différences de coutumes entre les Grecs et les Romains, qui ne sont pas des archaïsmes, elles ne doivent rien à des origines différentes mais elles sont des altérations des origines, causées par le contact avec les barbares. Il résout ainsi la question de la langue des Romains ; certes ils ne parlent pas un grec reconnaissable mais un dialecte déformé qui deviendra le latin, où Denys d'Halicarnasse dit reconnaître la langue des Arcadiens, qui parlaient un dialecte éolien[53].

> La langue parlée par les Romains n'est ni tout à fait barbare ni absolument grecque, mais un mélange des deux, dont la dominante est l'éolien ; et le seul inconvénient qu'ils ont éprouvé de ce mélange est qu'ils ne prononcent pas tous leurs sons correctement[54].

Cet argument de la langue est essentiel dans la démonstration de Denys d'Halicarnasse, car ce qui fait le barbare est précisément sa langue qui n'en est pas une. Or, à la différence des autres cités de la Méditerranée, Rome a imposé sa langue à égalité avec le grec[55]. Issue peut-être d'un dialecte grec, elle n'est pas du grec, elle en est l'égale. Ce qui est une révolution culturelle : il y a désormais deux langues civilisées, on peut décrire la grammaire du latin sur le modèle grec, comme le fait Varron, au Ier siècle av. J.-C., en vingt-cinq livres intitulés *La langue latine*.

Denys d'Halicarnasse esquisse ainsi une histoire de Rome, qui, d'abord cité parfaitement grecque, va progressivement être altérée par les barbares qu'elle intègre en grand nombre. Cette déformation est donc l'effet des conquêtes romaines, depuis le Ve jusqu'au Ier siècle av. J.-C.

> Mais les mélanges des Romains avec les barbares à cause desquels la ville a oublié plusieurs de ses habitudes antiques, se sont produits dans un temps plus récent. Cela peut sembler fort étonnant à beaucoup de ceux qui réfléchissent sur le cours normal des événements que Rome ne soit pas devenue entièrement barbare après avoir accueilli des Opiques, des Marses, des Samnites, des Tyrrhéniens, des Bruttiens et des milliers d'Ombriens, de Liguriens, d'Ibériens et de Gaulois, sans compter d'innombrables autres nations, dont certaines venues d'Italie elle-même et certaines d'autres régions et qui différaient les unes des autres par leur langue et leurs coutumes : leurs façons de vivre même étaient si diverses et si troublantes par leurs discordances, que cela aurait dû causer beaucoup d'innovations dans l'ordre ancien de la ville.

Les écarts que marquent les Romains par rapport aux Grecs contemporains s'expliquent par ce qui caractérise Rome, qui fait son identité, sa puissance militaire. Il faut admirer que les Romains soient restés si grecs, à la différence d'autres cités grecques qui ont sombré dans la barbarie.

> Beaucoup d'autres, en vivant parmi des barbares, ont en peu de temps oublié tout leur héritage grec, de sorte qu'ils ne parlent plus la langue grecque, n'observent plus les coutumes des Grecs, ne reconnaissent plus les mêmes dieux, n'ont plus les mêmes lois équitables (c'est en cela surtout que l'esprit des Grecs diffère de celui des barbares) et ne sont d'accord entre eux dans aucune autre chose qui les rattache aux rapports ordinaires de la vie. Ces Achéens qui se sont installés près du Pont-Euxin sont une preuve suffisante de ma démonstration; bien qu'à l'origine Éléens,

> nation vraiment grecque, ils sont maintenant les plus sauvages de tous les barbares.

Mais leur domination sur les barbares ne les a pas altérés au point qu'ils en perdent leur identité grecque.

Donc, selon Denys d'Halicarnasse, ce ne sont pas ses origines qui donnent à Rome son identité singulière, elle est de ce point de vue une ville grecque comme tant d'autres. Ce qui la distingue, c'est son histoire de cité conquérante, accordant la citoyenneté aux barbares vaincus, à la différence des cités grecques. C'est son histoire qui fait qu'elle ne ressemble plus tout à fait à ses origines grecques, qu'elle ne parle plus la langue de ses ancêtres. Elle n'en reste pas moins, pour Denys d'Halicarnasse, une ville grecque.

Rome est grecque au sens où elle a toutes les vertus d'une cité civilisée, sans parler grec ; mais l'admettre, c'est remettre en cause le critère de la langue pour distinguer les barbares des non-barbares, reconnaît Denys d'Halicarnasse, qui s'y risque :

> J'ai soutenu que l'hellénité (*to Ellênikon*) diffère de la barbarie non par le nom ethnique, ni par la langue utilisée, mais par la capacité intelligente de choisir les meilleures conduites, en particulier ne pas user les uns envers les autres de comportement violant la nature humaine ; donc tous ceux qui se conduisent ainsi naturellement, je les appellerai Hellènes, et ceux qui font le contraire, barbares[56].

Si donc il y a une identité romaine, elle ne s'affirme pas dans les origines ni dans les récits de fondation ; à ce niveau-là, il n'y a pas de place pour un peuple qui ne serait ni grec ni barbare. En revanche, ce qui se dessine, c'est une identité romaine s'ancrant dans la langue et les noms, même si le latin ne peut être qu'un « autre » grec, un « second » grec. Cependant, cette langue et ces noms ne remontent pas à une origine, ils sont des accidents historiques. L'identité romaine, selon Denys d'Halicarnasse, s'est constituée par différenciation, séparation progressive des autres Grecs.

Et si c'était vrai ? Si ce paradoxe fou n'était pas si fou ? Nous avons aujourd'hui l'habitude de penser que les peuples existent d'abord indépendamment les uns des autres avant de se rencontrer et de s'influencer. Il y aurait eu Rome d'un côté, la Grèce de l'autre, puis une rencontre de l'une avec l'autre, c'est-à-dire l'hellénisation de Rome. Comme si les peuples surgissaient, pures entités, de la terre où ils allaient vivre, d'abord frileux et timides, et mettaient du temps à se risquer hors de leurs frontières, à voyager, à faire la guerre et commercer. Comme si l'identité devait être première et essentielle, comme si elle ne pouvait pas être seconde et contingente. Comme si les peuples étaient leurs origines, ou du moins leur ressemblaient.

Or nous avons vu qu'aux époques les plus anciennes où les historiens peuvent remonter Rome baigne dans une culture hellénique commune à toutes les cités du bassin méditerranéen. C'est ainsi que les récits de fondation la représentent, tel est l'imaginaire de ses origines attestant de son appartenance au monde civilisé. Elle a reçu des Grecs une reconnaissance comme cité grecque ou semi-grecque et, selon la formule de Michel Humm, elle a un « hellénisme organique »[57]. Bien plus tard seulement, Rome affirme une identité en s'opposant à la Grèce, mais sans perdre son hellénisme organique. Les Romains resteront toujours grecs dans toute une partie de leur vie, l'*otium*, celle consacrée aux loisirs et aux plaisirs de la vie civilisée : le banquet, les spectacles, les activités intellectuelles. Ce que nous avons appelé ailleurs « l'altérité incluse »[58], qui s'oppose à l'altérité exclue, celle des Grecs orientaux, efféminés et corrupteurs des royaumes hellénistiques vaincus, les *Graeculi* dont les Romains dénoncent dès le IIIe siècle av. J.-C. la dangereuse séduction. Ces Grecs impossibles, ces pédérastes infâmes qui s'exhibent nus dans les stades et les théâtres.

L'invention des Grecs comme l'Autre

Mais pour que les Grecs deviennent l'Autre, il avait fallu que les Romains inventent la Grèce[59] comme entité et lui trouvent un nom, *Graecia*, englobant sous cette appellation nouvelle divers peuples et cités, en position d'étrangers. Le terme de *Graeci* n'était pas employé par ceux que maintenant, à la suite des Romains, nous appelons ainsi. Les Grecs se dénommaient Hellènes. Qui est Hellène ? Comme le dit Denys d'Halicarnasse[60], si l'on abandonne le critère linguistique, tous ceux qui vivent en cité avec des lois et dans la concorde appartiennent à « l'hellénité ». Cette hellénité, qui est un qualificatif abstrait et un label de civilisation, n'a rien à voir avec le terme de *Graecia*, typiquement romain, qui, sur le modèle des désignations provinciales, sert à dénommer un territoire et ses habitants[61], comme la Gaule, la Germanie, l'Espagne ou l'Afrique.

Cette invention de la *Graecia* suppose une conceptualisation qui dépasse les affrontements guerriers ou les échanges diplomatiques, où Rome a affaire à des cités et des royaumes grecs singuliers, même s'ils sont coalisés. Le terme a peut-être été utilisé pour la première fois, sinon inventé, à l'occasion d'un rituel religieux romain extraordinaire, et célébré dans des situations d'exception : l'enterrement vivant dans le *forum boarium* (le marché aux bœufs) d'un couple de Grecs et d'un couple de Gaulois[62]. Ce rituel eut lieu, sans doute, une première fois dans la première moitié du IVe siècle av. J.-C., quand Rome après avoir subi l'invasion gauloise était menacée à nouveau par une coalition de Gaulois alliés aux tyrans de Syracuse. Il fut renouvelé lors de la deuxième guerre punique, en 228 et en 216 av. J.-C.

> Jamais, ni avant ni depuis cette époque, on ne vit tant de milliers de Romains en armes. Ils donnèrent une autre preuve de leur effroi par les sacrifices extraordinaires auxquels ils eurent recours : jusqu'alors ils n'avaient rien admis, dans leurs institutions, d'étrange (*ekphulon*) ni de barbare (*barbarikon*) ; leurs opinions sur la Divinité, conformes à celles des Grecs, respiraient la douceur et l'humanité. Mais à l'approche de cette guerre, forcés d'obéir aux oracles des Livres sibyllins, ils enterrèrent tout vivants, dans le marché aux bœufs, deux Grecs (*Hellènas*) et deux Gaulois (*Galatas*), de l'un et de l'autre sexe[63].

Les termes grecs utilisés par Plutarque, nécessairement traduits du latin, n'ont pas la valeur des mots latins que l'on trouve chez Tite-Live, même si la formulation est très proche dans les deux textes :

> Venant après de si graves défaites, des prodiges troublèrent les esprits. On invita les décemvirs à consulter les Livres; [...] on fit quelques sacrifices exceptionnels (*sacrificia aliquot extraordinaria*) après consultation des Livres sibyllins : au marché aux bestiaux, un Gaulois et une Gauloise, un Grec et une Grecque furent enterrés vivants (*Gallus et Galla, Graecus et Graeca*), dans une enceinte de pierre qui avait déjà servi auparavant à des sacrifices humains, si contraires à la religion romaine[64].

Les décemvirs étaient les prêtres chargés de la consultation des Livres sibyllins en cas de prodiges. À partir d'un vers grec, désigné par le sort et utilisé en acrostiche, ils donnaient une réponse en vers latins, dans la langue de la religion romaine. Le terme *Graecus* appartiendrait donc peut-être à la langue religieuse.

Ce contexte montre comment la notion de Grec comme Autre radical et abstrait est liée à celle du Gaulois, lui aussi Autre et abstrait, et comment l'une et l'autre notions étaient là pour pouvoir être religieusement conjurées. Les deux couples incarnent deux fictions conceptuelles afin que l'action religieuse ait prise sur elles.

Ainsi se dessinent une *Graecia* et des *Graeci*, extérieurs à la cité romaine, qui ont l'altérité des barbares, aussi effrayants que des Samnites. Ce qui n'empêche pas les Romains de renforcer leur hellénisme organique, tout au long de la République, en important des objets et des coutumes venus des cités du sud de l'Italie et du bassin oriental de la Méditerranée. Comme ils conservent avec les cités et les royaumes grecs les mêmes rapports civilisés, de guerre et de diplomatie.

À partir du IIe siècle av. J.-C., avec les guerres en Orient et la conquête des royaumes hellénistiques, quand les Grecs auront tous été vaincus, l'écart se creuse : il se développe alors chez certains l'idée d'une identité romaine, fondement de la vertu romaine et de ses succès militaires, opposée à une altérité grecque, corruptrice, décadente et menaçante, comme on le lit chez Caton à propos de la médecine.

> Je te parlerai de ces Grecs (*de istis Graecis*), Marcus mon fils, en temps et lieu; je te dirai ce que je trouve d'excellent à Athènes

> et que, s'il est bon de jeter un œil sur leur littérature, il ne faut pas l'étudier à fond. Je prouverai que c'est une race perverse et indocile (*nequissimum et indocile genus*), et sache bien qu'un oracle te parle lorsque je dis : le jour où ce peuple (*ista gens*) apportera ses livres (*litteras*), il corrompra tout, et ce sera bien pis s'il envoie ses médecins[65].

Parallèlement, Rome se (ré)hellénise en important de la Grèce hellénistique toute sorte de techniques et de comportements. C'est ainsi qu'au Iᵉʳ siècle av. J.-C. les poètes, Horace, Properce, Virgile et d'autres, inventent de nouvelles façons de faire des vers latins plus proches de leurs modèles grecs, qui « chantent » aussi doucement.

On ne peut pas faire une histoire de Rome où il y aurait au début deux entités séparées, entièrement définies avec une identité propre, Rome et la Grèce, qui se seraient rencontrées, la seconde ayant culturellement conquis la première après l'avoir militairement conquise. L'identité romaine s'est construite tardivement en s'opposant à une identité grecque tout aussi construite, issues l'une et l'autre d'un processus de séparation. Rome ne pouvait donc pas dire cette identité non grecque par un discours des origines nécessairement pris dans son hellénisme organique.

Chapitre 2

L'*origo* rituelle de Rome : le pèlerinage à Lavinium[1]

Les récits sur les origines de Rome ne peuvent donc dire que son identité grecque, ce qui va réorienter notre recherche. La singularité de Rome est évidente pour nous, et elle l'était pour les Anciens, à travers sa religion, ses coutumes de table ou son droit civil. Les érudits grecs et romains établissaient des listes hétéroclites et « sauvages » de curiosités romaines, ce qu'ils appelaient des « questions », comme les *Questions romaines* de Plutarque ou les *Nuits attiques* d'Aulu-Gelle ou encore les *Saturnales* de Macrobe, sans y voir l'expression d'une nature romaine.

De nos jours aussi, le domaine privilégié pour un historien de Rome, ce sont les pratiques rituelles, publiques et privées, des Romains; il y trouve ce que les anthropologues appellent le « savoir partagé ». Les discours — théories philosophiques, éruditions livresques ou récits mythologiques — qui étaient associés par les Anciens à ces rituels ne visaient ni à théoriser ces pratiques, ni même à en donner le sens[2]. Ils ne nous apprennent rien sauf les diverses associations auxquelles ces rituels donnaient lieu dans l'imaginaire romain. Rome est une culture de l'orthopraxie[3] sans contrainte dogmatique ni croyance. L'ordre social n'est pas mis en cause par les discours que chacun peut tenir sur les coutumes les plus sacrées. « Un haruspice ne pouvait regarder un haruspice sans rire[4] », aurait dit Caton qui ne passait pourtant pas pour un esprit frondeur; il n'en consultait pas moins les haruspices — et les augures — dans l'exercice de ses magistratures, sachant que tout manquement à ses devoirs religieux aurait eu les pires conséquences puisqu'ils engageaient la concorde entre les dieux et les hommes. L'haruspicine est une pratique objective, inaltérable aux paroles et aux rires.

Cette absence de dogme va de pair avec celle de tout chant rituel célébrant les origines de la cité ou les premiers temps d'une histoire commune[5]. Le texte des prières est certes soumis comme les gestes des prêtres à une rigoureuse orthopraxie, mais ces prières ne contiennent aucun récit. Raconter des histoires sur les dieux était une affaire privée et les Romains étaient libres de trafiquer les différents récits sur Romulus, Énée et quelques autres figures ancestrales sans avoir à respecter une vérité officielle : ils n'attentaient pas ce faisant à la majesté du peuple romain. Chacun pouvait donner sa version des premiers temps de Rome. Et, nous l'avons vu, les Romains ne s'en sont pas privés. En revanche, les rituels liés à quelques noms placés aux « origines » de Rome sont observés scrupuleusement ; ils garantissent la pérennité de la Ville en construisant un temps répétitif, cet éternel présent des institutions politiques signifié par l'adverbe latin *semper* (toujours).

Si donc la cité de Rome a célébré des origines identitaires, ce n'est pas dans des pratiques narratives officielles — qui n'existent pas —, mais dans les rituels du culte public.

Sur la route de Lavinium

Ier siècle avant Jésus-Christ, sur la *via Appia*, la plus ancienne des voies romaines, cette route qui part de Rome en direction du sud vers le pays des Laurentes et la mer Tyrrhénienne. Il faut trois heures de cheval pour atteindre la ville de Lavinium, située sur une petite colline au-dessus de la forêt, à quelque distance de la mer. C'est là que se rendent les deux consuls et une vingtaine de dignitaires romains ; ils avancent — à cheval ou en voiture — encadrés par des licteurs.

Ce sont les premiers jours de janvier. Les deux consuls viennent d'entrer en charge. Ils affrontent la difficile période des commencements. Janvier, mois de Janus, le dieu au double visage, regarde devant et derrière ; Janus va faire passer Rome d'une année politique à l'autre. Dieu du passage, dieu de la porte qui ouvre (*ianua*), Janus ignore les portes qui ferment (*fores*), les enclos (*hortus*) qui isolent le dedans et excluent le dehors[6]. Il y a d'autres dieux pour protéger les clôtures.

Jusqu'au mois de mars, jusqu'à ce que les prêtres Saliens en dansant ouvrent le temps de la guerre, les rites de transition vont se multiplier. Puis l'année religieuse débutera pleinement aux Ides de Mars (le 15 mars) ; naguère, tout commençait à cette date[7] — les assassins de César s'en sont-ils souvenus ? — pour se terminer en décembre, le dixième mois. L'année romaine n'est pas un continuum, des rituels publics ouvrent et ferment des temporalités différentes. À janvier et février revient d'assurer les transitions et les purifications qui permettent le juste passage d'une année à l'autre. Des jours de deuil sont laissés aux morts pour qu'ils retournent parmi les vivants sans les contaminer. Février est aussi le mois où Romulus et Rémus, joués par le collège sacerdotal des jeunes Luperques déguisés en hommes-loups, courent quasi nus autour du Palatin lors de la fête des Lupercales ; chaque année, pendant une journée, ils réinstallent sur le Palatin la Rome d'avant Rome, afin que tout recommence.

Premiers jours de l'année civile : les deux consuls désormais à la tête de la *res publica* ont été inaugurés par des auspices favorables, ils ont revêtu la toge prétexte à bande rouge, sacrifié un taureau blanc à Jupiter sur le Capitole, ils ont fait des vœux pour le salut du Peuple romain.

Et maintenant ces nouveaux consuls ouvrent l'année publique, en quittant Rome pour accomplir leur premier acte religieux : ils se rendent à Lavinium — à une vingtaine de kilomètres vers le sud — accompagnés des autres magistrats supérieurs et des principaux prêtres : les flamines et les pontifes. Ils sont le Peuple romain allant sacrifier aux Pénates du Peuple romain. Tel est le nom des dieux qu'ils partent honorer à Lavinium.

Ce premier acte officiel leur fait remonter le temps, très loin, bien avant la fondation de Rome ; aller à Lavinium, c'est (re) venir dans un lieu où se sont arrêtés les temps d'avant, les temps d'avant même celui de la fondation de Rome, le temps de Romulus que ramèneront les Luperques en février. Car les Pénates publics auxquels ils vont rendre un culte, et qui ont leur temple si loin de Rome, sont restés dans la ville fondée par le Troyen Énée bien avant que Romulus ne fonde la Ville; Énée est ce Troyen sorti des poèmes grecs d'Homère pour fonder l'antique ville de Lavinium et y installer ses dieux domestiques. Les Pénates du Peuple romain sont ceux d'Énée, les dieux qu'il a emportés de Troie lors de l'incendie de la ville. Ils sont arrivés avec lui à Lavinium et n'en ont plus bougé.

Le pèlerinage de Rome à Lavinium n'est pas la projection dans l'espace d'une généalogie qui relierait Romulus à Énée par un récit, comme chez les mythographes — qu'ils choisissent la solution brève, Romulus fils ou petit-fils d'Énée, ou la solution longue, alors vingt-cinq générations de rois albains les séparent. Ici Énée et Romulus correspondent à deux rituels d'ouverture de l'année qui sont reliés par le calendrier religieux des deux premiers mois[8]. Leurs noms sont associés à ces rituels, sans plus. C'est pourquoi pour passer de l'un à l'autre tous les récits sont possibles, aucun n'est nécessaire.

Le calendrier rituel fait suivre le pèlerinage à Lavinium par les Lupercales, qui installent un temps mythique orienté vers l'avenir : la fondation de Rome. C'est le temps des commencements. Le sacrifice aux Pénates du Peuple romain se fait, lui, dans un passé mythique clos sur lui-même. Lavinium n'est que le sanctuaire des Pénates d'Énée, là où s'est arrêtée son errance depuis Troie, sans que rien commence. Énée a disparu, son fils Ascagne est parti fonder une autre ville qui s'est évanouie et Lavinium est désertée depuis longtemps. Entre Énée et Romulus, un vide, une béance, que matérialise la distance qui sépare Rome et Lavinium, celle qui sépare une fin d'un commencement et que vient chaque année combler le pèlerinage de janvier. Entre Énée fondateur grec de Lavinium et la Rome du Ier siècle av. J.-C., juste ces Pénates qu'ils auraient en commun.

Le mystère des Pénates du Peuple romain

Pourquoi sont-ils restés là-bas, ces dieux du Peuple romain? Et comment peuvent-ils être des dieux de Rome sans être établis sur le sol sacré de la Ville? Rome est un espace unique et sacré, l'*Vrbs*. Si Athènes est une *polis* et s'identifie à ses citoyens, aux Athéniens, tous nés de père et de mère athéniens, Rome ne se confond pas avec un *populus romanus* enfermé dans une définition généalogique comme le sont les citoyens d'Athènes, puisque, potentiellement, la citoyenneté est ouverte à tous les autres peuples [9].

Rome, ce sont sept collines sur la rive gauche du Tibre et le *pomerium*, le sillon tracé dans la terre, conformément au rite étrusque, par tout fondateur et qui entoure la ville, cette limite infranchissable par des hommes en armes car il circonscrit l'espace dévolu à Jupiter Capitolin. Jupiter est le dieu d'une sociabilité sans contrainte, cette sociabilité que vivent régulièrement les hommes et les dieux dans le plaisir partagé des *ludi*, des jeux du théâtre et de l'hippodrome. Rome ne peut pas quitter Rome, l'*Vrbs* n'est pas séparable de son sol; quand la Ville fut ravagée par les Gaulois et que tout était à reconstruire, les Romains auraient pu déménager à Véies, ville étrusque et proche de Rome, récemment conquise, vidée par les pillages et restée intacte. Mais Rome ne déménage pas. Comme le rappelle, chez Tite-Live [10], le dictateur Camille qui persuada ses concitoyens de reconstruire la Ville plutôt que d'émigrer : les dieux qui y sont installés ne peuvent pas en bouger. Pas plus que les Romains ne peuvent y installer les cultes qu'ils célèbrent ailleurs depuis toujours, comme le pèlerinage à Lavinium et les sacrifices au mont Albain. En revanche, nombreux sont les dieux étrangers qu'ils ont fait venir à Rome, depuis la plus ancienne, Junon reine de Véies, divinité étrusque, placée sur l'Aventin, jusque plus récemment Cybèle, la Phrygienne, établie sur le Palatin. Rome s'ouvre à tout ce qui est étranger mais ne bouge pas.

Les Romains ont un rapport complexe au sol. Certains lieux sacrés sont intouchables (*loca religiosa*) — Lavinium en fait partie —, comme le sont aussi les tombeaux construits sur des terrains privés; ils ancrent définitivement Rome dans un espace unique. D'autres, qui sont seulement consacrés ou saints, peuvent être déplacés, par exemple le *pomerium* qui détermine l'enceinte sacrée de l'*Vrbs* est régulièrement repoussé afin d'agrandir l'espace urbain. Rome est une cité ancrée dans le sol mais sans posséder un territoire unifié, l'*imperium romanum*. Il s'étend autant que progresse la présence romaine, il n'est pas l'extension de Rome, c'est une constellation de villes où l'on sacrifie à Rome et Auguste. Les conquêtes romaines n'ont pas conduit à la création d'un État territorial.

Les citoyens romains dont la ville est très éloignée de Rome jouissent sur place de leurs droits civils, le territoire de la Ville s'incorpore celui des patries locales, ce qui se passe juridiquement localement a eu lieu fictivement à Rome. Rome devient une fiction juridique. Le sol de Rome est potentiellement partout, selon l'origine du citoyen, et il est le sol de toutes les cités. Être à Rome pour un citoyen, mais seulement pour un citoyen, c'est comme être dans sa cité d'origine et inversement. Cette organisation juridique du sol est liée à l'*origo*. Cette ville où le citoyen romain peut agir en droit est son *origo*, le lieu d'ancrage par son père de sa citoyenneté [11].

Le système est bien analysable lors de la romanisation de l'Italie, au début du Iᵉʳ siècle av. J.-C. après les guerres sociales. Celle-ci ne se fait que par l'intermédiaire de cités : dans les régions où il n'y avait pas de centre urbain et d'institutions politiques, les Romains en font créer. Ce qui revient à créer des « *origines* », à ancrer un *genus*, une *gens* dans le territoire pour que les citoyens accèdent à la *ciuitas* [12]. L'échelon local est indispensable, ce qui signifie en sens inverse que personne n'est directement citoyen romain.

Centre symbolique de l'*imperium*, l'*Vrbs*, espace sacré de Jupiter Capitolin, est aussi un établissement, un lieu où des hommes se sont établis, et que la religion organise comme une maison commune dont le foyer brûle nuit et jour dans le temple de Vesta, la déesse du feu domestique. On s'attendrait à trouver près de ce foyer symbolique les Pénates du Peuple romain; car, dans toute maison privée, les dieux Pénates [13] veillent à la survie de la maison, installés dans son centre vital. Ils devraient être là, dans le temple de Vesta qui abrite le feu sacré de la cité de Rome, au pied du Palatin, à l'intérieur du *pomerium*. Ces Pénates du Peuple romain sont des dieux publics omniprésents dans les actes publics, ils figurent à côté de Jupiter dans les serments que prêtent les magistrats de la République et les plaideurs sur le forum [14].

Or les Pénates du Peuple romain ne sont pas à Rome, dans le temple de Vesta, mais là-bas à Lavinium, et s'ils ne bougent pas de Lavinium, c'est que d'une certaine façon Lavinium doit être le territoire de l'*Vrbs*. Quel sens donner à ce dehors-dedans du cœur de Rome que réaffirme chaque année le pèlerinage de Lavinium ?

Les dieux Pénates dans la maison

Qui sont ces dieux Pénates ? D'abord des dieux de la maison privée, de son intimité. C'est pourquoi entre Pénates privés et Pénates publics, ou encore entre Pénates d'une maison et Pénates du Peuple romain, l'analogie ne va pas de soi. Le *populus romanus* n'est pas une grande famille : qui serait le *pater familias* de cette maison commune ? C'est peut-être là, dans ce parallèle boiteux entre le privé et le public, que va s'élucider l'énigme des Pénates d'Énée restés à Lavinium.

Que sait-on des Pénates privés ? Chaque *domus* habitée a ses dieux Pénates. Ce nom de Pénates leur vient du lieu sur lequel s'exerce leur puissance : ils sont les dieux du *penus*, de la resserre au fond de la maison, là où l'on garde dans des jarres ce que la famille ne consomme pas immédiatement mais qui constitue les provisions pour l'année[15] : les céréales, le porc salé, l'huile pour les lampes, le sel et aussi le bois pour le feu. C'est un bien commun à toute la *familia*, c'est-à-dire à l'ensemble des habitants de la maison, la famille sur trois générations avec les esclaves qui y sont aussi nourris. Les dieux Pénates et ce qu'ils protègent (le *penus*) sont très présents dans l'imaginaire de la vie domestique. Le latin a même un verbe spécifique (*promo*) pour signifier « aller chercher quelque chose qui est enfermé (*reconditum*) dans la resserre ». Il s'agit de faire entrer dans le circuit de la consommation un bien qui était gardé en réserve en le mettant à disposition, soit que la famille lors d'une période de pénurie doive puiser dans ses réserves, soit que le maître de maison veuille honorer un hôte par une abondance inhabituelle. Ce geste économique devait marquer les esprits, car l'usage de « *promo* » s'est étendu à toute sorte d'emplois métaphoriques passés dans la langue[16].

Les Pénates ne sont pas les seules divinités présentes dans la maison romaine. D'autres dieux la protègent avec ses habitants, dont ils légitiment l'établissement. Tous garantissent religieusement la présence, la survie et la continuité des habitants. C'est le propre d'une culture sédentaire et d'une société fondée sur la *familia*, réunie dans un domicile stable[17] (*sedes*), la résidence qui ancre au sol cette *familia*. Tous ces dieux sont l'objet d'un culte fréquent, souvent quotidien.

Le rôle de chaque dieu est différent et leur articulation permet de dessiner les liens qui unissent dans une maison le sol, le lignage et la survie alimentaire. À côté des Pénates du garde-manger, il y a le *Genius* et les *Lares*. Le *Genius*, figuré par un serpent, préside, comme l'indique la racine *gen-*[18], à la transmission agnatique (du père au fils) ; divinité individualisée, le *Genius* appartient en propre au *pater familias* en tant que *genitor*. Les Lares assurent que les hommes qui se sont appropriés une part de terre et l'ont définitivement civilisée[19] l'ont fait avec leur accord[20]. Dans la maison, le *lar familiaris* étend sa protection sur toute la *familia* y compris les esclaves, qui lui rendent un culte, comme le fermier servile (*uilicus*) le fait dans sa ferme. Liés aux lieux, les Lares ne voyagent pas.

Les Pénates, eux, ne sont ni le père ni le sol bien qu'ils soient liés à l'un et l'autre ; installés au cœur de la maison, à côté du foyer, là où est vénérée Vesta, la déesse du feu de cuisine. Ils ne président qu'à la survie alimentaire des hommes — ou femmes — de la famille, ainsi définis comme des commensaux domestiques. Ils reçoivent en offrandes jetées dans le feu de Vesta de la farine, du sel et une part du repas du jour, disposés sur une *patella* (un plat sacré). Un fils hérite des Pénates de son père comme d'un bien de famille (*penates patrii*), mais c'est un bien personnel qui n'atteste ni de son ascendance paternelle, ni de son droit de propriété sur la maison. La seule condition pour avoir des Pénates est d'être libre car les esclaves n'ont pas de Pénates et ne participent pas au culte qui leur est rendu au foyer domestique. Les Pénates sont donc attachés à un lieu qui présuppose une configuration particulière de l'habitation et sont transmis selon la filiation agnatique.

Les Pénates privés voyagent-ils ? Ou fut-ce le privilège des Pénates d'Énée, destinés à devenir des Pénates publics, même si ce voyage s'est interrompu en cours de route ? Un Romain qui change de domicile part-il avec les Pénates de son père ? Nous n'avons aucun témoignage sur ce point. Mais on constate à partir de différents types de textes destinés à émouvoir leurs destinataires, comme les comédies ou les plaidoyers, que les Pénates ouvrent facilement le registre du pathétique, lors d'un départ ou d'un retour. Pour susciter la compassion à l'égard d'un homme expulsé de chez lui, l'orateur le montre « arraché à ses (dieux) Pénates »[21]. Et le voyageur revenant chez lui va tout joyeux les saluer. Il serait donc étonnant qu'aucun avocat n'ait utilisé dans une péroraison larmoyante la figure de l'homme chassé tenant ses Pénates dans ses bras si cette figure avait appartenu à l'imaginaire commun. Or le seul porteur de Pénates que nous connaissions, présent en revanche à des centaines d'exemplaires dans la littérature et les arts plastiques, c'est Énée. Il y avait donc ce lien spécifique entre le fondateur de Lavinium et les futurs Pénates publics qui ne se retrouve pas dans les Pénates privés.

Ces Pénates domestiques dessinent une maison paternelle qui n'est pas cultuellement liée au sol mais qui est cependant le lieu du père. C'est pourquoi les Pénates peuvent aussi signifier métaphoriquement la famille agnatique[22], comme en français on dit « la maison des Bourbons » sans que ce terme ait une valeur spatiale, pour désigner une famille royale. Ses Pénates rattachent donc un homme libre à la « maison » de son père.

Pénates publics et origo

De cette configuration des Pénates privés, que retiennent les Pénates publics de Lavinium ? Les premiers magistrats allant visiter les Pénates de Lavinium vont-ils saluer à leur arrivée dans la maison publique des Pénates paternels, comme un Romain arrivant chez lui ? On a peine à imaginer que ces

Pénates veillent depuis Lavinium à la survie alimentaire du peuple romain. Sans doute faut-il ici privilégier la dimension paternelle des Pénates. Les Romains viennent sacrifier aux Pénates de leur « père », Énée, non pas comme père d'une généalogie mais comme celui qui a transmis aux habitants de sa « maison », par le culte des Pénates, l'enracinement dans le lieu où il s'est arrêté. On voit ici se dessiner le modèle de l'*origo* juridique, d'un enracinement du « père » dans une ville hors de Rome mais d'où un citoyen tire sa citoyenneté par le lien héréditaire.

Les Pénates, qui ne sont pas normalement des dieux voyageurs, interrompent leur voyage à Lavinium avec Énée, sans être associés à la fondation de Rome. Or si les Pénates du Peuple romain sont à Lavinium, c'est qu'il y a nécessité qu'ils soient là et non à Rome[23]. Aucun mythographe n'y pourra rien changer. Ils peuvent filer des généalogies qui relient Romulus à Énée, en passant par des femmes ou en faisant de Romulus le fils d'Énée : aucune de ces histoires grecques ne fera revenir les Pénates du Peuple romain dans la maison des Vestales et ne mettra fin au pèlerinage de Lavinium. Les histoires passent, les rituels restent.

Certains auteurs racontent, au contraire, que ces dieux Pénates n'ont pas voulu abandonner Lavinium où Énée les avait installés et refusèrent de partir avec son fils Ascagne quand celui-ci quitta la cité fondée par son père pour aller fonder Albe[24]. Il avait hérité des Pénates de son père, et il voulait les emporter avec lui pour les installer dans la nouvelle cité. Mais, déplacés à deux reprises, les dieux revinrent chaque fois à Lavinium. Anecdote miraculeuse qui nous renseigne sur la façon dont des Romains et des Grecs du Iᵉʳ siècle se représentaient des dieux inamovibles[25]. Elle illustre le rituel de Lavinium en rappelant que personne ne peut déménager dans une autre ville les Pénates du Peuple romain ; de même qu'un citoyen romain, qui peut élire domicile n'importe où, ne peut pas changer d'*origo*. Il y a une « immobilisation de l'origine », celle-ci est, comme on dit en droit, « indisponible et imprescriptible ». Les Pénates publics, *origo* du peuple romain, sont à Lavinium pour l'éternité, et éternellement les magistrats et les prêtres de la Ville éternelle viendront chaque année leur sacrifier[26]. Cette éternité fut longue, car le rituel dura au moins jusqu'à l'année 380 apr. J.-C., date du dernier témoignage sur Lavinium « ville sacrée » — celui de Symmaque, contemporain de l'empereur Théodose.

Ces Pénates publics qui voyagent depuis une terre étrangère, Troie, puis qui, arrêtés en terre italienne, refusent de bouger dessinent la même configuration d'espace et de temps que celle impliquée par la notion juridique d'*origo*. Nous avons vu[27] que l'*origo* attribuait au citoyen romain un ancrage dans une ville dont les citoyens avaient le droit de cité romaine, ancrage qu'il tenait de son père et transmettait à son fils, indépendamment de leurs lieux d'habitation et de naissance. C'est cette *origo* qui le faisait accéder à la citoyenneté. Les Pénates privés impliquent déjà, certes seulement au niveau domestique, un lien au lieu, héréditaire et non transportable. En devenant publics, les Pénates reproduisent, au niveau d'une ville, le lien entre sol et hérédité. Les Romains sont les « enfants » du *pater* qui leur a transmis ses Pénates. Si les Pénates du Peuple romain étaient à Rome, les Romains seraient enfermés comme des Grecs dans une cité complète et réduits à leur descendance. Que les Pénates soient à Lavinium ouvre Rome sur l'extérieur. Le sol de l'*Vrbs* comme ancrage d'une transmission héréditaire de la citoyenneté n'est pas l'espace fondé et délimité par le *pomerium* : la citoyenneté s'acquiert et se transmet ailleurs. Rome sans Lavinium est incomplète. Romulus sans Énée avant lui est un fondateur insuffisant. Ils ont l'un et l'autre besoin d'un complément d'origine, un « *unde* ».

Énée de Lavinium

Ainsi ces dieux proprement romains — en tout cas que l'on ne trouve pas dans les maisons grecques — que sont les Pénates domestiques ont apporté un premier modèle conceptuel permettant de penser l'ancrage héréditaire dans le sol. Le passage au politique va se faire grâce à Lavinium et Énée. Énée qui de fondateur laviniate devient le *pater*, créateur de Lavinium, l'*origo* de Rome.

Les gens de Lavinium avaient comme les Romains des récits grecs qui racontaient la fondation de leur ville par un certain Énéas. Ces récits ont été recueillis par les historiens et mythographes anciens, qui nous les ont transmis. Pour les gens de Lavinium, Énéas était un de ces héros troyens ou grecs que les cités d'Italie et de Grande Grèce revendiquaient comme fondateurs. Ne disait-on pas qu'Énée et Ulysse réconciliés avaient fondé la ville ensemble ? D'autres récits racontent que les Troyens étaient des Grecs venus du Péloponnèse. Le nom de Troia, d'un petit port non loin de Lavinium, était suffisant : Énée venait de Troie, c'était bien l'Énée de l'*Iliade*.

À quand remonte le pèlerinage à Lavinium et ce montage rituel entre l'Énée fondateur de Lavinium et l'Énée *pater* des Romains ? Peut-être au début du IVe siècle av. J.-C., quand les Romains inaugurent avec les cités latines cette politique d'intégration des ennemis vaincus[28]. Lavinium est l'une d'elles. Rome octroie facilement la *ciuitas*, le plus souvent sans le droit de vote. En 338 av. J.-C., Rome dissout la ligue latine et donne aux cités qui la constituaient la *ciuitas sine suffragio* (la citoyenneté sans droit de vote). Ensuite ce fut le tour des autres peuples de l'Italie centrale, comme les Herniques, les Èques et les Volsques, puis les Sabins et les Ombriens, enfin la Campanie au IIIe siècle. Cette politique reposait déjà sur la notion d'*origo*, car c'est la ville dont ils sont citoyens qui donne à ceux que les Romains désignent comme « alliés », aux Latins et aux autres, cette *ciuitas* qu'ils transmettent à leurs fils. À la dualité Rome/ Lavinium correspond une double *ciuitas* : une *ciuitas* totale, une *ciuitas* privée du droit de vote. L'une incluse dans l'autre.

On peut imaginer que l'institutionnalisation de cette politique se fit par la création d'un rituel — le pèlerinage à Lavinium et le sacrifice aux Pénates d'Énée —, où Lavinium devenait la cité symbolique d'un ancrage de l'*Vrbs* hors de Rome, donnant accès à une *ciuitas* incomplète, avant que cette pratique se formule en droit, au Ier siècle av. J.-C. après les guerres « sociales ». Lavinium valait pour toutes les villes vaincues ayant reçu le droit de cité et dont les fils étaient devenus des « alliés », des citoyens sans droit de vote. Les magistrats et les prêtres du peuple romain valaient pour l'ensemble des citoyens venant sacrifier aux Pénates de leur *origo*.

Nous avons donc un système triple : chaque *pater familias* et ses Pénates, chaque citoyen et son *origo*, le peuple romain et ses Pénates installés à Lavinium, lieu de son *origo*. C'est Énée, *pater Eanes*, qui sert à conjoindre le *pater* des Pénates et le citoyen de l'*origo*. Il est ancré à Lavinium par ses Pénates, il est à l'origine de ceux qui deviendront romains sans se confondre avec eux. Le récit de fondation des Laviniates se serait ainsi transformé pour donner une formulation rituelle à l'*origo*.

Que le peuple romain ait ses Pénates à Lavinium fait de Rome une ville symbolique à laquelle tous peuvent se rattacher par l'intermédiaire de leur petite cité, leur *origo*, où ils ont leurs propres Pénates. Rome a besoin de ses citoyens venus d'ailleurs pour être complète. Si tout le peuple romain a une *origo* extérieure, plus rien ne va distinguer les anciens citoyens, ce qu'on appellerait aujourd'hui des Romains de souche, des nouveaux citoyens, dont l'*origo* est une ville autre que Rome. Le peuple romain se trouve symboliquement, en tant qu'entité politique, issu d'hommes venus d'ailleurs, même si chacun, à titre personnel, a des ancêtres issus de Rome ou non.

Un Romain peut-il aisément se glorifier d'être issu de la Rome la plus ancienne ? Sur ce point, la figure d'Énée à Lavinium fait écho à celle de Romulus accueillant dans l'*asylum* le rebut de la terre, bergers, bandits, criminels en exil et esclaves fugitifs, afin d'en faire des Romains, les *patres*, ancêtres des futurs sénateurs. Denys d'Halicarnasse, cet historien grec pour qui les Romains sont des Grecs, n'arrive pas à y croire et en parle comme d'un mensonge, une erreur d'historiens ignorants et ennemis de Rome[29]. Tite-Live, historien romain contemporain de Denys, revendique au contraire ces origines sans gloire et, ironiquement, présente cette façon de recruter une population comme une habitude chez les fondateurs de cité, à cette différence près : les autres prétendent que leurs citoyens sont nés de la terre, « autochtones », afin d'éviter la honte. Allusion évidente aux Athéniens[30].

La seule façon pour un Romain de revendiquer une noblesse ancestrale va donc consister à la chercher en dehors de Rome, à la situer dans son *origo*, grecque ou troyenne, à imaginer une rencontre entre un illustre Grec ou Troyen et la terre italienne. D'où la mode au Iᵉʳ siècle av. J.-C. d'aller chercher chez Homère ou dans les récits de fondation des cités italiennes des ancêtres dont le nom grec calqué ou traduit en latin ressemble plus ou moins au *nomen* de la famille désireuse de s'anoblir ; ainsi, les *Julii* placèrent leur *origo* dans Iule, fils d'Énée. Cette forme de noblesse exploite l'altérité constitutive de Rome qu'implique l'*origo*.

Rome n'est donc pas pensée sur le modèle d'une *domus* close et parfaite, où seraient réunis les dieux de la domiciliation, les Lares et Vesta, et les dieux de la transmission de l'héritage des biens paternels, les Pénates. Ces dieux sont disjoints, installés dans deux villes différentes, l'une est Rome, l'autre Lavinium. À Lavinium, avec les Pénates d'Énée, réside la transmission de la *ciuitas* romaine et des pouvoirs politiques et religieux du roi. Il n'est pas étonnant que ceux qui vont en être investis pour un an viennent les y chercher.

Le sacrifice à Lavinium

La gravité et la nécessité de ce pèlerinage n'échappent pas aux acteurs de cette procession. Le triple sacrifice qu'ils vont accomplir là-bas, à Jupiter Indiges, à Vesta et aux Pénates, ne peut être négligé sans de graves conséquences pour eux, les sacrificateurs, comme pour le peuple romain tout entier. Le consul Caius Hostilius Mancinus, au siècle précédent, avant de partir en Espagne pour y faire la guerre, se rendit à Lavinium mais les poulets destinés à prendre les auspices avant le sacrifice s'enfuirent dans la forêt et on ne put jamais les rattraper. Il renonça et se rendit au port ; et là il entendit une voix lui crier : « Mancinus, reste ! » Il n'en tint pas compte. Sa campagne militaire fut une catastrophe, il capitula honteusement et signa un traité déshonorant[31]. Un tel manquement est si grave qu'en 103 av. J.-C. un pontife fut accusé de crime contre l'État pour ne pas avoir fait le pèlerinage à Lavinium.

Les voici arrivés au sommet d'une petite acropole. Au-delà

des forêts qui entourent le site, au loin, vers l'ouest, ils aperçoivent la mer Tyrrhénienne et l'emplacement d'un ancien port nommé *Troia*. Autrefois y accostaient les navires marchands et c'est là qu'aurait débarqué il y a très longtemps, selon les légendes laviniates, un certain Énéas, un héros venu d'une autre *Troia*, d'une cité orientale qu'il aurait fuie après sa destruction par les Achéens pour fonder la ville de Lavinium. Il fut ici vénéré comme un dieu et on voit, en bas, un petit temple, maintenant abandonné, qui lui était dédié ; les dieux meurent quand les hommes cessent de leur rendre un culte.

Les sacrifices se succèdent : à Jupiter, à Vesta et enfin aux Pénates du Peuple romain. Les pontifes à partir de leurs vieux livres dictent les gestes et les mots aux célébrants, qui les répètent après eux. L'offrande aux Pénates reproduit à peu de choses près ce qu'un maître de maison accomplit chez lui sur son foyer domestique : le célébrant, la tête voilée, leur offre de la farine et du sel sur le feu de Vesta ; s'y ajoute à Lavinium une truie. Une statue en bronze de l'animal avec trente petits accrochés à ses mamelles est visible dans le sanctuaire.

Ce porc rappellerait le sacrifice accompli par Énée quand il a débarqué ; encore une histoire laviniate, un récit grec[32]. Comme bien d'autres déducteurs grecs de colonies, Énée a reçu d'un oracle mystérieux l'indication du futur emplacement de son installation. Lui et ses compagnons interrompront leur voyage là où « ils auront mangé leur table » et alors ils doivent prendre pour guide un quadrupède qu'ils suivront jusqu'à ce que l'animal s'arrête de fatigue[33]. Ayant réalisé la première partie de l'oracle, ils débarquent les statues des dieux ancestraux et s'apprêtent à leur sacrifier une truie qu'ils avaient emmenée avec eux en bateau dans ce but. Ce premier acte religieux va inaugurer leur installation à cet endroit. Mais la truie, qui est grosse, s'enfuit, échappant aux mains des sacrificateurs, quitte le rivage et court vers l'intérieur des terres. Elle parcourt une distance d'une dizaine de kilomètres, gravit une colline, elle s'arrête épuisée et met bas trente porcelets. Une portée aussi nombreuse est un signe des dieux, selon Varron, qui raconte ainsi l'histoire d'Énée et de la truie[34] :

> Si une truie fait davantage de petits qu'elle n'a de mamelles, on crie au prodige. Nous avons en ce genre l'antique tradition de la truie d'Énée, qui mit bas à Lavinium trente porcelets blancs. Et le miracle se trouva confirmé, quand trente ans plus tard Albe fut fondée par les habitants de Lavinium. On voit encore dans cette dernière ville des monuments publics de cette truie et de ses porcelets. Leur effigie y est coulée en bronze, et les prêtres nous montrent le corps de la mère conservé dans la saumure.

Une voix mystérieuse persuada Énée de rester sur place bien que l'endroit lui semble inhospitalier. Il sacrifia la truie et ses trente petits aux dieux ancestraux et fonda Lavinium avec son acropole.

Les offrandes non sanglantes, la farine et le sel, ont été posées sur une table avant d'être jetées dans le feu. Les entrailles (*exta*) de la truie rôtissent sur le feu sacrificiel, les acteurs du sacrifice les mangeront ensemble sur place et tous emporteront avec eux un morceau de la viande découpée. Ils auront formé le temps du sacrifice une communauté unie par leur participation au rituel, le sacrifice aux Pénates à Lavinium qui fait du peuple romain le descendant du *pater Eneas*. Ce premier sacrifice que racontent les mythographes n'a pas d'autre statut que d'être le modèle de celui que les Romains accomplissent aujourd'hui. En vérité, le sacrifice d'Énée a été raconté à partir du sacrifice des magistrats du peuple romain.

Le culte a lieu devant une hutte ronde en paille et en osier : elle est censée être le temple primitif de Vesta édifié par Énée[35], c'est du moins ainsi que les Romains de la Rome du Ier siècle av. J.-C. imaginent l'Italie archaïque, un monde rustique de bergers hirsutes et à moitié nus, vivant dans des cabanes aux parois noires de fumée. Les contemporains d'Auguste entretiennent sur le Palatin une (fausse) cabane de Romulus que des voyageurs venus du monde entier visitent pieusement. Le Palatin qui est l'emplacement mythique de la fondation de Rome est aussi le quartier le plus élégant et le plus moderne de Rome : à côté de la cabane-musée du fondateur, on voit des maisons somptueuses ornées de péristyles, de fresques et de marbres grecs, comme celle de Cicéron. Rome n'est pas à court de cabanes archaïques[36]. Une autre cabane de Romulus se trouve sur le Capitole, près du temple de Jupiter, et encore plus rustique, encore plus ancienne, dans le forum à côté du *comitium* et de la *graecostasis*, la cabane de Faustulus, le père nourricier de Romulus. Quand l'une d'elles brûle dans un incendie, on la reconstruit à l'identique.

Le temple de Vesta à Lavinium, qui remonte aux origines des origines et qui désormais est entretenu par Rome, ne saurait être autre chose qu'un sanctuaire plus qu'archaïque[37]... sûrement de fabrication récente. Sans doute date-t-il du temps où Énée a changé de rôle, quand de simple fondateur grec de Lavinium il est devenu *pater Aeneas*, ni fondateur ni dieu, mais une figure à l'origine des origines, une figure symbolique d'ancêtre, l'homme romain d'avant Rome, celui qui a déposé là ce que les Grecs appellent ses dieux ancestraux et que les Romains appellent Pénates, terme latin intraduisible en grec selon Denys d'Halicarnasse[38].

À quoi ressemblent ces dieux ancestraux cachés dans la cabane ? Il est interdit d'y pénétrer pour les voir, mais c'est sans importance car leur apparence ne signifie rien. Dans les maisons privées, les Pénates, petites statues en terre cuite ou en or, ou bien simplement peints sur le mur, prennent la forme que veut chaque père de famille, selon son caractère, son origine, sa fantaisie. Tout dieu peut être « pénatisé ». Fortuna, Bacchus, Vénus, Jupiter, Hercule, Vesta, Vulcain ; mais des dieux égyptiens comme Isis et Horus ou Harpocratès font aussi bien l'affaire, ou encore un dieu local comme Sarnus, le fleuve qui coule à Pompéi[39]. On les trouve même figurés par Castor et Pollux. Les Pénates n'ont pas d'autre réalité que d'être les destinataires du culte qui leur est rendu. Visibles ou invisibles, leur apparence importe peu. Seuls importent le lieu auquel ils appartiennent et le geste du père de famille — ou des magistrats romains — les honorant. L'historien moderne peut bien rêver d'images premières et authentiques, de fétiches noirâtres, ensuite remplacés — pourquoi ? — par d'autres dieux plus à la mode. Mais rien ne l'impose. Certes il convient que les Pénates souvent présents lors de rituels familiaux aient une forme matérielle mais celle-ci semble avoir été indifférente.

Et les Pénates du Peuple romain ? L'historien grec Timée[40] avait visité Lavinium sans doute vers la fin du IVe siècle av. J.-C. Il avait questionné les habitants sur la nature des objets sacrés (*hiera*) cachés dans la cabane cultuelle. Ceux-ci auraient dit que c'étaient des caducées en fer et en bronze et de la céramique troyenne. D'autres témoignages anciens parlent de deux jeunes gens armés, Castor et Pollux, d'autres de Neptune et d'Apollon, ou des dieux Cabyres de Samothrace, enfin de simples statuettes en bois et en pierre. La difficulté pour interpréter ces documents tient à la langue — le mot Pénates est intraduisible en grec — et à la date : rien ne prouve que les dieux gardés dans le sanctuaire aient été considérés par les gens de Lavinium comme les Pénates du Peuple romain.

Les flûtes se sont tues car les sacrifices sont terminés. Brisant le silence de cette ville déserte, les oiseaux attirés par l'odeur de la viande grillée crient, chassés par les baguettes des prêtres. Les officiels romains et leurs auxiliaires sont seuls à Lavinium. Lavinium est une cité fantôme où personne n'habite plus depuis plusieurs siècles, mais dont Rome entretient les édifices cultuels afin d'y pèleriner chaque année.

Les ombres s'allongent, les Romains ont hâte d'en finir : il ne ferait pas bon passer la nuit dans ce désert malgré la protection des licteurs. Quels brigands, détrousseurs de voyageurs habitent cette forêt épaisse ? Les voilà repartis vers Rome, le silence va régner sur Lavinium jusqu'au prochain pèlerinage.

L'*origo* est un lien et un lieu. Ce n'est pas une origine, un événement fondateur et repoussé dans le passé, mais l'effet présent de cette origine instaurée par la célébration récurrente du rituel.

Chapitre 3

Origo et *nomen latinum*

Les magistrats romains n'en ont pas fini avec Lavinium. Plus tard dans l'année, Rome, c'est-à-dire ses représentants officiels, vont avoir de nouveau affaire avec la cité fantôme. Lavinium a été confirmée comme une terre de l'*Vrbs* puisqu'elle garde une partie de son centre, le sanctuaire des Pénates, mais il importe qu'elle reste en dehors de l'*Vrbs* sans jamais se fondre dans le territoire civique. Ce que réaffirment deux autres rituels annuels qui maintiennent Lavinium dans son statut de ville latine et de ville étrangère. Parce que l'*origo* n'est pas l'origine, elle doit rester à l'extérieur.

Les Féries latines, le sacrifice au mont Albain et le foedus *(traité)*

En 338 av. J.-C., la victoire définitive de Rome sur Lavinium s'était accompagnée d'un traité ; Rome renouvelle chaque année le lien qui l'unit à elle, la cérémonie a lieu neuf jours après les Féries latines. Chaque début d'année, les consuls fixent la date à laquelle ils se rendront à Albe pour les Féries latines. Celles-ci réunissaient primitivement des cités libres et indépendantes en une forme de confédération religieuse, la Ligue latine, qui sacrifiait à Jupiter Latialis sur le mont Albain ; une trentaine de cités latines, pas toujours les mêmes, le *nomen latinum*, y participaient ; leurs représentants se partageaient la viande du sacrifice. Rome s'était approprié les Féries latines après la soumission des peuples latins au IVe siècle et maintenait ainsi symboliquement l'ancien *nomen latinum.*

La participation de Lavinium, même disparue, est impérative. Un Romain est désigné chaque année pour assumer cette fonction. Lavinium sera un instant ressuscitée lors du partage rituel. Encore faut-il que quelqu'un vienne de là-bas revendiquer sa part de viande. Pour toute autre ville du Latium, si aucun représentant ne vient, car personne n'y habite plus, la ville disparaît du *nomen latinum*, du moins cette année-là. Pour Lavinium, c'est impossible, il faut qu'elle participe au sacrifice, car Lavinium doit exister comme ville latine : l'année (190 av. J.-C.) où elle fut oubliée dans le partage sacrificiel, il fallut recommencer toute la cérémonie.

Puis, dix jours après le sacrifice au mont Albain, les Romains vont renouveler le traité qui unit Rome et Lavinium selon l'ancien rituel latin des fétiaux. Cérémonie diplomatique étrange qui réunit la toute-puissante métropole de l'*imperium* et une ville morte sans habitants et sans territoire, réduite à une cabane sacrée au sommet d'une colline, au milieu d'une forêt parsemée de quelques ruines. Ce rituel est pratiqué par des prêtres spécialisés, les fétiaux et le *pater patratus*, rituel que les antiquaires attribuent à l'un ou l'autre des anciens rois.

Quand les cérémonies de la conclusion d'un traité étaient accomplies à Rome, la nation étrangère y était représentée par des envoyés ; il est vraisemblable que c'était le cas ici, avec cette différence que trois Romains étaient désignés pour jouer le rôle des envoyés laviniates. Cet ancien rituel des fétiaux a ceci de remarquable qu'il met les deux cités en positions semblables et symétriques, comme dans un miroir. Chacune a les mêmes prêtres et répète les mêmes paroles, à l'ethnonyme près. Le *pater patratus* donnait lecture des dispositions du traité, puis il prononçait cette formule :

> Écoute, Jupiter, écoute, *pater patratus* du peuple (de Lavinium) ; écoute aussi, peuple de Lavinium, les Romains n'enfreindront jamais les premiers les conditions qui sont écrites sur ces tablettes et dont il vient de vous être donné lecture, de la

> première à la dernière, sans perfidie ni mensonge. Dès aujourd'hui, elles sont entendues pour tous, et ce n'est pas le peuple romain qui les violera. Mais, s'il arrivait que, par une mauvaise foi sacrilège, il les enfreignît, alors, ô Jupiter, frappe-le comme je vais moi-même frapper cette victime, et frappe-le d'une manière d'autant plus terrible que ta puissance et ta force sont plus grandes[1].

En disant ces mots, le *pater patratus* frappait de son caillou consacré la victime. La victime offerte aux dieux à l'occasion de la conclusion d'un traité était ordinairement un porc. Le sacrifice terminé, les généraux et les magistrats politiques eux-mêmes juraient, sur le sceptre de Jupiter, d'observer religieusement les conditions du traité qui venait d'être arrêté ; puis les fétiaux qui avaient présidé à sa conclusion le signaient de leurs noms, et le collège des fétiaux tout entier prenait l'engagement solennel de veiller à son observation et de réprimer toute infraction[2]. Les dispositions du traité étaient ensuite gravées sur une table d'airain, qui demeurait dans le temple de la *Fides Populi Romani.*

Tout se passe donc à l'occasion de ce traité comme si Lavinium était une cité totalement indépendante, l'égale de Rome, avec ses propres institutions politiques et religieuses, et capable d'avoir une politique extérieure. Or la population et le territoire de Lavinium sont totalement intégrés à Rome, et la ville n'a même pas le statut de municipe comme tant d'autres villes du Latium puisqu'elle n'a pas d'habitants. Lavinium est une cité fictive mais une vraie cité recréée le temps du *foedus* : les paroles du rituel ont, en ce qui la concerne, une valeur performative, elles la créent en la disant.

Le dispositif est radicalement différent de celui qui prévalait en janvier lors du sacrifice aux Pénates ; à cette occasion n'intervenait aucun figurant laviniate ni même le nom de Lavinium. Les Pénates honorés alors sont ceux du Peuple romain, et non pas ceux de Lavinium, en supposant que Lavinium ait jamais eu de Pénates publics.

« Deux moments rituels soulignent ainsi la double nature du lien entre la Ville et la cité des origines. L'acte d'alliance confirme leur altérité ; le sacrifice aux Pénates leur identité[3]. »

En fait, Lavinium n'appartient qu'à deux espaces pratiques. Lors des Féries latines et lors de la *renouatio* du traité avec Rome, elle est définie comme cité latine et comme cité à part entière, et indépendante. Elle a donc une existence rituelle comme cité latine et étrangère. Ensuite lors du sacrifice aux Pénates de Rome, Lavinium n'a pas d'existence propre, elle se confond avec Rome. Elle n'apparaît à cette occasion que grâce à un récit (grec) de fondation dont le sanctuaire des Pénates est censé être la trace, et le sacrifice de la truie, la commémoration. Ce récit crée un « roman » antérieur à l'*origo*, dont celle-ci n'a pas besoin puisqu'elle ne se définit que par l'avenir qu'elle instaure et qui l'instaure.

Qui sont les Latins ?

Lavinium est une ville latine comme le proclame chaque année sa participation aux Féries latines, elle appartient au *nomen latinum*. Et son appartenance au *nomen latinum* est célébrée sur le territoire d'Albe. Entre Énée et Romulus, entre Lavinium et Rome, quand Lavinium a un statut d'altérité, il y a Albe et Iule, il y a les rois latins. Deux généalogies différentes se déduisent de l'un ou l'autre rituels : Romulus fils d'Énée, du pèlerinage à Lavinium, Romulus descendant d'Iule, du sacrifice au mont Albain. L'altérité de Lavinium tient à sa définition de ville latine, son identité romaine tient à son fondateur troyen. Mais pour que le lien se fasse entre les récits grecs de fondation de Lavinium et les rituels romains, il faut que les objets sacrés grecs (*hiera*) de l'exilé troyen se traduisent en latin (*sacra*), en Pénates du Peuple romain. Le latin, comme langue, est indispensable au fonctionnement de l'*origo*.

Lavinium, s'il n'en reste qu'une, sera la dernière ville du *nomen latinum* quand les municipes latins sont en train de disparaître, vidés de leurs populations qui partent s'installer à Rome. Sa « nature latine » est donc nécessaire à sa fonction d'*origo*. Ce qui nous conduit à regarder plus précisément ce qu'est le *nomen latinum* et si l'appartenance de Lavinium au *nomen latinum* implique une identité ethnique « latine » présente dans l'*origo*. Le sens premier de *nomen latinum* est « tout ce qui est appelé latin ». Si on compare cet emploi de *nomen* avec le terme synonyme sabin, *touta* — *touta sagina* équivaut à *nomen sabinum* —, on constate que *nomen*, comme *touta*, sert souvent à désigner une collectivité politique. Le mot *nomen* n'enregistre pas l'origine ou la culture commune d'une collectivité mais permet une classification des groupes sociaux, de toute espèce. Il y a un *nomen tuscum* (étrusque), un *nomen lucanum*. Que les Grecs traduisent ce terme par *ethnos* ne prouve pas que la notion correspond à celle d'ethnie.

Le *nomen latinum* désigne ici l'ensemble des *Latini*, c'est-à-dire les peuples définis par leur venue au sanctuaire fédéral de Jupiter sur le mont Albain, le Latiar, où ils sacrifient un taureau blanc chaque année lors des Féries latines à la source Ferentina au pied des collines. Ces peuples définissent à leur tour un espace : le Latium[4]. Celui-ci n'a jamais coïncidé avec un territoire déterminé et a fini par désigner tout le centre de l'Italie, territoire infiniment extensible. En résumé, « le Latium est le pays de ceux qui sacrifient au Latiar », c'est-à-dire le *nomen latinum* qui lui-même « vit s'agréger à lui, tout au long de son histoire, des populations d'autres origines, volsque ou hernique notamment »[5].

Cette extension du *nomen latinum* suit l'expansion de l'*imperium romanum* en l'Italie centrale. Ce qui s'étend avec le Latium, c'est donc les lieux d'*origo*. Le *nomen latinum* coïnciderait ainsi avec le premier espace de l'*origo*, peut-être celui des *Prisci Latini* (les vieux Latins), dont Lavinium serait la cité emblématique. En dehors de tout substrat ethnique, on ne peut que postuler à Rome la présence d'un imaginaire latin en liaison avec les rites annuels des Féries latines et du pèlerinage à Lavinium[6]. Les Latins sont postulés par le rituel de l'*origo*, pour être des Romains en puissance dès qu'ils auront eu ce complément d'origine qui leur manque.

Ajoutons à l'imaginaire latin cette étrange route, la *uia latina*, seule voie romaine qui ne mène à aucune ville mais seulement au mont Albain, lieu du Latiar. Être latin, c'est emprunter la *uia latina* pour aller sacrifier au Latiar lors des Féries latines, et pourrions-nous sans doute ajouter, « sacrifier en langue latine » ou bien « selon le rite latin ». Était-ce une façon de s'opposer à l'autre radical qu'ont été bien longtemps pour les Romains les Étrusques ? Peut-on aller jusqu'à dire que le *nomen latinum* n'a existé à l'époque ancienne que pour se poser en s'opposant au *nomen tuscum*[7] ?

Qui sont les Latins ? Peuvent-ils incarner une quelconque identité italienne des Romains face aux Grecs et aux Troyens ? Nous avons vu comment Caton disait que les Latins résultaient d'une union entre des Aborigènes grecs et les Troyens d'Énée. L'Italie ancienne n'a pas développé, du moins jusqu'à la fin du Ier siècle av. J.-C., un imaginaire identitaire archaïsant. Bien au contraire, plus on remonte dans le temps des peuples d'Italie, plus on rencontre de Grecs. Citons ici un étonnant texte d'Aristote sur les Oenôtres, un peuple « premier », comme les Opiques, qu'Italos, roi grec, sédentarise : il en fait des agriculteurs et leur donne des lois. Et ces Oenôtres intègrent si bien le *bios* grec qu'ils sont à l'origine des syssities — repas en commun — spartiates :

> On ajoute qu'Italos rendit agriculteurs les Oenôtres auparavant nomades, et que, parmi d'autres institutions, il leur donna celle des repas communs. Aujourd'hui même il y a des cantons qui ont conservé cette coutume, avec quelques-unes des lois d'Italos. Elle existait chez les Opiques, habitants des rivages de la Tyrrhénie et qui portent encore leur ancien surnom d'Ausoniens ; on la retrouve chez les Choniens, qui occupent le pays nommé Syrtis, sur les côtes de l'Iapygie et du golfe Ionique. On sait d'ailleurs que les Choniens étaient aussi d'origine oenôtre. Les repas communs ont donc pris naissance en Italie[8].

Le texte d'Aristote, en attribuant aux Oenôtres d'Italos l'origine de la coutume des syssities, suggère de vieilles proximités culturelles dans l'espace méditerranéen : la Crète, l'Italie, Sparte ont ou ont eu des coutumes communes déjà à des époques très anciennes. Ce qui permet des rapprochements « originels » qui lient par exemple les habitants du Bruttium et les Samnites avec les Spartiates, les Étrusques avec les Lydiens.

Finalement, l'origine ou l'existence des Latins importent peu, ils n'ont aucune identité propre. En revanche, l'usage de la langue latine est pour les Romains un signe identitaire dans la mesure où celle-ci ne reste pas un dialecte local, coexistant avec la langue de la civilisation, le grec, mais où ils imposent cette langue latine comme un autre grec, l'autre langue de la civilisation. En même temps, les Romains ne s'identifient pas à leur langue, elle n'a pas leur nom, Les Romains ne parlent pas romain.

Après avoir disparu comme institution en 338 av. J.-C., après la défaite des Latins, c'est-à-dire des cités de la confédération qui sacrifiaient au mont Albain, le *nomen latinum* va reparaître comme une étape possible dans la procédure d'acquisition de la *ciuitas*[9]. Dans les deux siècles qui suivirent, Rome procéda à la création de colonies latines — en installant des colons dans toute l'Italie — qui avaient le même statut que les anciennes cités de la Ligue latine. « Le *nomen latinum* devint un droit (*jus*) octroyé indépendamment de toute discrimination ethnique ou territoriale. » Le nom officiel est celui d'« alliés de droit latin », ce sont en fait des citoyens de seconde zone mais au statut privilégié, vivant dans leurs colonies, ou leurs municipes, sous leurs propres lois et leur propre droit; ils avaient aussi accès pratiquement au « droit civil », *jus ciuile*, ainsi qu'au droit de se marier et de commercer avec les Romains (*connubium* et *commercium*). Ils servent dans les troupes auxiliaires et payent l'impôt selon les clauses du traité particulier qui les lie à Rome. Ces colons peuvent même devenir des citoyens romains de plein droit en s'installant à Rome. Mais des Romains, en s'installant dans ces colonies, perdent leur citoyenneté entière.

On retrouve la structure spatiale et juridique de l'*origo* puisque les mêmes hommes peuvent en allant et venant devenir romains ou redevenir latins. Les colonies latines, ce nouveau *nomen latinum*, sont des installations d'étrangers fixés dans des territoires alliés à Rome mais où le droit romain s'exerce en partie et dont les fils, en se rendant à Rome, par simple déplacement spatial, peuvent devenir citoyens romains. Il y a donc une continuité institutionnelle, depuis les anciennes cités latines du *nomen latinum* jusqu'à la loi de 87 av. J.-C. Chaque colon « latin » nouvellement installé est un nouvel Énée. Sa colonie est l'*origo* de ses enfants qui deviendront citoyens romains en se rendant à Rome.

La latinité est donc bien l'identité première et incomplète du citoyen romain, mais c'est une identité sans substance, n'importe qui peut devenir colon latin, c'est un statut juridique, intermédiaire. C'est pourquoi dans les récits les Latins sont tantôt grecs, tantôt indigènes. Le récit de Caton, qui en fait le résultat de l'union des Troyens et des Aborigènes, est sans doute le plus proche de la pratique juridique du *nomen latinum*. Les Aborigènes figurent le sol italien en dehors de Rome, et les Troyens, les colons venus d'ailleurs. Dans la construction généalogique, les Latins sont figurés par le fils d'Énée et de Lavinia, puis par les rois albains.

Pourquoi ce terme de « latin »? Sans doute parce que le *nomen latinum* comme droit est calqué sur le statut des villes latines vaincues; en même temps, la langue latine est bien ce qui réunit les Romains et les colons latins, langue du *jus ciuile* et langue de la religion, langue « grecque » et seul principe identitaire si l'on en veut un.

L'*origo* se déploie rituellement de deux façons, conjoignant deux altérités constitutives de Rome. Un homme vient d'ailleurs qui s'installe sur la terre romaine et crée une *origo*, c'est Lavinium, ville latine; de Lavinium partent les Latins qui deviendront, sur le site de Rome, des Romains. Chacune de ces altérités est susceptible d'être grecque.

De Lavinium à Albe : à quoi servent les récits?

Les rituels qui instaurent l'*origo* manipulent des fictions. Pour ces nobles Romains qui viennent de célébrer le triple sacrifice de Lavinium et qui s'empressent de repartir, cette ville n'est qu'une idée de cité, le point de rencontre d'un récit, celui d'Énée, et d'une colline du Latium. Il y a bien longtemps que le nom de Lavinium a disparu et n'est présent dans la vie publique que lors des rituels romains. Les habitants de la région sont des Laurentes, romains depuis le IVe siècle. Il en est de même des cités latines du *nomen latinum* qui pour la plupart désormais ne sont plus que des noms. Parfois de petites villes envoient des représentants aux Féries latines pour recevoir une part du sacrifice, elles sont ainsi « *participes* », participantes au rituel, ce qui leur rend, le temps du sacrifice, une identité, identité qui n'existe qu'au sein de la communauté créée par le sacrifice : la confédération latine.

Quand les représentants du peuple romain vont sacrifier sur le mont Albain, ils n'y rencontrent ni ville ni village, ni même ruines d'une occupation passée. Albe n'a jamais existé, les archéologues malgré tous leurs efforts n'ont rien trouvé sur place[10]. Albe est une fiction de mythographe donnant à l'étape latine de l'*origo* romaine une réalité historique. C'est pourquoi Albe dans leur récit n'apparaît que pour disparaître et se fondre dans Rome. Albe est une parenthèse qui ne laisse aucune trace. Comme pour les Pénates refusant de quitter Lavinium, les mythographes ont mis en récit les pratiques rituelles de l'*origo.*

C'est ainsi que Romulus est un fondateur sans *origo.* Né de la vestale Rhéa Silvia, certes albaine mais qui comme vestale n'a plus de père[11], et de Mars, dieu sauvage qui n'est installé dans aucune cité, Romulus est un enfant sans origine et sans Pénates. À la différence des bâtards, il n'est donc pas le fils de son grand-père maternel mais de Vesta et de Mars. Il fonde Rome, une ville sans Pénates, c'est pourquoi il doit accomplir le pèlerinage à Lavinium, aux « dieux des pères »[12]. Ceux qui viennent peupler Rome avec lui, cette bande de bergers, de criminels et d'esclaves fugitifs, sont eux aussi sans *origo.* Quelques rois plus tard, Albe va disparaître : les deux cités entrent en conflit, et sous le roi Tullius Hostilius la guerre se conclut par le célèbre combat des Horaces et des Curiaces. Albe est absorbée par Rome selon les clauses de l'accord qui avait précédé le combat entre ces champions, trois frères jumeaux contre trois frères jumeaux qui se ressemblent tant que les historiens anciens débattent pour décider qui des Horaces et des Curiaces étaient romains et qui albains. Voici comment le roi Tullius présente cette absorption d'Albe par Rome :

> « Pour le bonheur, la gloire, la prospérité du peuple romain, et de vous aussi, peuple d'Albe, j'ai résolu de transporter à Rome

> tous les habitants d'Albe, de donner le droit de cité au peuple, et aux grands le droit de siéger au Sénat ; de ne faire, en un mot, qu'une seule ville, un seul État. Albe s'était jadis partagée en deux peuples. Eh bien ! qu'elle se réunisse maintenant en un seul[13]. »

Les Albains s'installent à Rome, où la colline de Caelius leur est attribuée.

Ces villes de Lavinium et d'Albe qui apparaissent et disparaissent, que leur existence soit une réalité historique ou non, ne constituent pas une histoire au sens moderne du terme. C'est du rituel et du droit public dissous dans du récit grec. Albe et Lavinium sont la représentation fictive des deux altérités incluses qui constituent la *ciuitas* romaine, deux lieux de rituels publics, transformés en cités qui reçoivent des fondateurs sur le modèle grec.

Dans cette triple construction rituelle, qui réunit trois lieux, Rome, Albe et Lavinium, quelle histoire, quel héros sont-ils nécessaires ? Les Romains n'ont pas besoin d'Énée pour sacrifier à Lavinium, ou conclure un traité avec cette ville, pas plus qu'ils n'ont besoin des rois albains pour sacrifier à Jupiter *Latiaris*, ni de Romulus pour célébrer les Lupercales au Palatin. Les histoires d'Énée et de Romulus sont-elles des ornements superflus ?

Le passage du rituel au récit fait apparaître grâce aux généalogies des fondateurs la structure de la filiation qui est, selon Yan Thomas, associée à l'*origo*[14]. Il écrit que les Romains projettent dans l'espace la linéarité du temps de la filiation ; on pourrait inversement dire que le parcours rituel est dit dans les récits en termes de succession : Énée, Iule, Romulus. D'Énée à Iule c'est une filiation directe et paternelle, qui fait passer d'un nom grec et personnel à un *nomen* latin, celui de la *gens* Julia. C'est la création de l'*origo* latine, l'ancrage dans le lieu. Puis Romulus est un Latin sans père et donc marque une rupture agnatique avec ses ascendants. Il devra rechercher son *origo* à Lavinium.

Ce que dit le récit en plus du rituel, est qu'Énée est troyen, qu'il est un étranger pour ceux qui habitent le territoire où sera fondée Lavinium. Ce qu'apporte le passage du rituel au récit est donc la possibilité que le rituel d'*origo* devienne le modèle conceptuel d'une Rome ouverte à tous les étrangers car c'est un étranger qui est à son origine ; un étranger si étranger qu'il n'est jamais devenu le fondateur de Rome et qu'il a fallu trois « générations », c'est-à-dire une rupture, pour arriver à Romulus, le fondateur. Triple génération qui est le temps romain de la mémoire et de l'oubli. Rupture redoublée par le récit de la vestale mère d'un enfant sans père.

Les Romains sont issus symboliquement de Lavinium la ville latine. Ils sont donc une première fois « étrangers » avant de devenir citoyens romains. Mais Énée lui-même vient d'ailleurs, de Troie, pour fonder Lavinium. Ce qui redouble l'étrangeté des Romains, ses « enfants ». Lavinium confère donc aux Romains une double altérité ; celle d'une ville latine, celle de son fondateur grec — ou troyen. Deux altérités incluses dans la citoyenneté.

Ce qu'apporte la figure d'Énée le Troyen n'est pas une altérité ethnique mais une altérité formelle ; ce qui importe n'est pas qu'il soit grec ou troyen, mais qu'il ne soit jamais arrivé à Rome.

L'autel de la Paix

Sans doute surestimons-nous aujourd'hui l'importance des récits, sous prétexte qu'ils nous donneraient le sens des rituels et aussi parce que nous privilégions les documents littéraires. Si nous voulons nous faire une idée de la façon dont les contemporains d'Auguste se représentaient symboliquement cette configuration complexe de l'*origo*, le mieux est sans doute de nous référer à un monument qui réunit Énée, Romulus et le peuple romain, monument élevé par Auguste sur le champ de Mars, l'autel de la Paix, *Ara Pacis*. Cet autel dédié à la déesse Paix est un édifice rectangulaire, ouvert sur un côté, au milieu duquel se trouve l'autel proprement dit, auquel mènent quelques marches. Les côtés sont ornés de bas-reliefs qui renvoient à trois rituels publics : les Lupercales, le sacrifice de Lavinium et le sacrifice annuel à l'autel de la Paix. Les deux premiers sont représentés par des images empruntées aux récits associés à ces rituels.

À gauche quand on est face à l'entrée de l'autel, une scène, très endommagée, représente la découverte de Romulus et de Rémus par le berger Faustulus ; casqué et barbu, le dieu Mars contemple la scène située devant une grotte. Cette grotte qui se trouve dans la pente sud du Palatin est un sanctuaire, le Lupercal, qu'Auguste a restauré ; c'est là que débute le rituel des Lupercales en février.

À droite et lui faisant pendant, une scène mieux conservée représente Énée, accompagné de son fils Ascagne-Iule, à Lavinium ; Énée, au centre du bas-relief, est un homme d'âge mûr, barbu, la tête voilée[15], au visage grave, qui tient dans sa main gauche une lance ; sa main droite devait tenir une patère. Lance et manteau rappellent ceux des statues des rois de Rome que les contemporains d'Auguste voyaient au Capitole. Toujours au centre, on distingue, en bas de la frise, la guirlande de fleurs qui décore l'autel où Énée va procéder au sacrifice. Au-dessus de l'autel, quelques feuilles et un tronc d'arbre représentent le chêne sous lequel a lieu la cérémonie : archaïsme de convention. À droite, dans la partie très abîmée, était représenté Ascagne-Iule, vêtu à la manière troyenne, et tenant dans sa main droite un long bâton de berger. À gauche, deux jeunes garçons, auxiliaires du sacrifice, les *camilli.* L'un conduit la victime, une truie, l'autre porte un plat de fruits et une cruche d'eau, en offrande aux dieux. Au-dessus de leur tête, comme placé sur une hauteur, se trouve le temple aux Pénates.

En devenant des images juxtaposées, ornements d'un autel, Énée et Romulus, associés à des rituels, sortent du temps narratif et coexistent comme double *origo* des Romains. Un autel n'est pas seulement le support des tableaux qui l'ornent, ce n'est pas un musée ; l'autel est le lieu d'un rituel annuel commémorant sa consécration. Et ces ornements seront donc réactivés lors de cette cérémonie qui aura lieu chaque 30 janvier[16].

Le troisième bas-relief ornemental renvoie lui aussi à un rituel, celui même de la *consecratio* de l'autel, qui, renouvelé chaque année, fera fonctionner le dispositif. Nous savons par diverses sources antiques, et en particulier par le testament d'Auguste[17], que cette *consecratio* religieuse eut lieu en juillet 13 av. J.-C., décidée par le Sénat à la suite de la pacification des provinces occidentales de l'Empire. Le monument terminé fut finalement dédié le 30 janvier 9 av. J.-C.

Le bas-relief des côtés sud et nord représente la procession qui avant la construction du monument a consacré l'espace où il serait édifié. La présence de personnages, au second plan, orientés en sens inverse des autres conduit à penser que la procession tourne probablement autour du site du futur *Ara Pacis.* Cette procession réunit la famille d'Auguste, avec les femmes et les enfants, et les principaux prêtres de la cité : les pontifes, les augures, les flamines. Auguste lui-même figure en grand pontife, en chef de la religion romaine.

Le sacrifice annuel qui commémorera cette consécration doit selon le testament d'Auguste être célébré par les prêtres de la Ville et les magistrats, c'est-à-dire les représentants du peuple romain, ceux-là mêmes qui se rendent à Lavinium. Or sur cette frise, s'il y a bien les prêtres, la famille d'Auguste, la *gens Julia*, tient la place des magistrats, c'est-à-dire du pouvoir politique. Il se substitue avec sa propre descendance au peuple romain comme descendant d'Énée. Et se place lui-même en nouvelle *origo*.

Cette frise, en fait, est elle aussi une fiction, une image associée au rituel, et non sa représentation. (En 13 av. J.-C., Auguste n'est pas encore grand pontife.) Énée, Romulus, Auguste sont tous les trois en position de *pater.* Auguste est le premier d'une lignée destinée à lui succéder. On comprend alors pourquoi tant d'enfants sont présents dans le cortège. L'ordre des membres de la famille est significatif : il renvoie à l'ordre de la succession au moment où le monument est construit.

Entre les trois rituels et le *monumentum*, deux récits de fondation, de Lavinium et de Rome, permettent de fabriquer des images. Ces récits de fondation, sans nécessité pour les rituels, sont donc ici éliminés au profit du *monumentum* qui commémore un rituel. Tout est ramené au présent lors du sacrifice du 30 janvier, situé entre le pèlerinage à Lavinium et les Lupercales. Auguste, Romulus et Énée deviennent contemporains. Ce troisième rituel célébré à l'autel de la Paix fait système avec les deux autres, Auguste devient le troisième *pater* ouvrant l'année politique, en relation avec l'*origo* de Rome.

L'efficacité rituelle et le temps des origines

Faire du rituel le principe de toute efficacité, c'est vivre et agir dans un présent toujours renouvelé et toujours répété. Chaque année efface la précédente en la recommençant, comme les Luperques réinstallent la sauvagerie pour que recommence une civilisation purifiée. Ces trois rituels qui nous semblent des fictions agissent sur une réalité qu'ils créent comme le fait le droit[18]. La Ligue latine a disparu, Lavinium est une cité fantôme et le Palatin reste un quartier urbanisé.

Mais ces fictions sont politiquement efficaces, c'est pourquoi elles sont manipulées par les hommes politiques. Ainsi quand Jules César tente de devenir roi, il le fait pendant les Lupercales selon un plan concerté. Aux deux équipes traditionnelles de coureurs, les *Luperci Fabianii* et les *Luperci Quinctiales* (de Rémus et Romulus), il en ajoute une troisième, la sienne, celle des Luperques Juliens (*Luperci Julii*), qui fait de lui l'équivalent rituel des deux fondateurs[19]. Puis en pleine cérémonie, son ami Marc-Antoine, consul et Luperque, quasi nu, une peau de chèvre autour des reins, sort du peloton des coureurs et vient couronner César sur la tribune où il préside la fête.

> César assistait à cette fête, assis dans la tribune sur un siège d'or, et vêtu d'une robe de triomphateur. Antoine, en sa qualité de consul, était un de ceux qui figuraient dans cette course sacrée. Quand il arriva sur la place publique, et que la foule se fut ouverte pour lui donner passage, il s'approcha de César et lui présenta un diadème enlacé d'une branche de laurier. Cette tentative n'excita qu'un battement de mains faible et sourd, qui avait l'air de venir de gens apostés ; César repoussa la main d'Antoine, et à l'instant tout le peuple applaudit ; Antoine lui présenta une seconde fois le diadème, et très peu de personnes battirent des mains ; César le repoussa encore, et la place retentit d'applaudissements unanimes[20].

Le geste de Marc-Antoine est immédiatement compris du peuple. En créant ses propres Luperques, César s'était mis en position de roi (re) fondateur. Les Lupercales sont un temps de recommencements quand toute la civilisation, les lois et les « institutions » sont temporairement abolies, laissant place à une population de bergers nus, sans maison, sans ville, sans famille. C'est l'occasion de recommencer autrement, d'établir un autre type de *ciuitas*, en substituant la royauté à la République. Un mois plus tard, César était assassiné.

Comment ces rituels informent-ils l'imaginaire romain? Georges Dumézil parle à ce propos de « structure conceptuelle ». En fait, on constate qu'ils suggèrent des pratiques sans passer par une conceptualisation. Sont-ils une façon de penser? Ils sont une façon d'agir en s'appuyant sur un imaginaire qui organise le réel à partir de fictions mises en action. Comme le fait le droit romain.

C'est nous, modernes, qui pensons et conceptualisons les rituels romains, et c'est nous qui les resituons dans un processus historique. Par exemple, nous disons qu'en 338 av J.-C. commence la politique systématique d'intégration qu'accompagne le pèlerinage à Lavinium, alors que les Romains du Iᵉʳ siècle av. J.-C. font remonter à Romulus cet usage, non pas pour le dater mais pour le situer dans le présent des institutions fondamentales de la *res publica*. Nous plaçons spontanément les événements sur une ligne du temps de telle façon qu'ils s'inscrivent dans la diachronie, un temps mesuré où un événement ne peut pas être à la fois avant et après un autre; nous vivons immergés dans le temps historique. Ce n'est pas ainsi que vivent les Anciens. Certes ils établissent des chronologies comparées, ils établissent des calendriers communs à partir des Olympiades, spéculations d'érudits, utiles dans les relations internationales. Mais dans la vie courante, chaque cité, chaque royaume a son propre calendrier. Les cités gouvernées par des magistrats datent les lois et les guerres, d'après le nom d'un ou de deux magistrats de l'année. Une telle pratique ne crée pas un imaginaire linéaire du temps avec un point zéro, rejeté dans un lointain passé. La mémoire vécue, ce que les Romains appellent *memoria*[21], englobe seulement trois générations, ce segment de temps est le seul qui soit perçu par eux de façon linéaire ; au-delà il n'y a que de l'avant, un passé global, où se côtoient les récits grecs et leurs héros, avec les ancêtres divinisés, *diui parentes*, auxquels les Romains rendent un culte sans les différencier.

Le temps social est un temps cyclique, où les institutions, les élections comme les fêtes collectives, installent un présent éternellement répété, *semper*. Toute innovation fonctionne comme si elle avait toujours été là. Seuls les hommes ont affaire dans leur vie personnelle au temps irréversible. Leur mémoire est la seule mesure du temps.

C'est ainsi que le *saeculum* — qui devait donner le mot français « siècle » — ne dure pas automatiquement cent ans, il définit l'espace de temps séparant les célébrations d'un grand rituel civique collectif : les jeux séculaires. Cet espace de temps correspond à la durée de vie du plus vieux spectateur des jeux précédents. Grâce à quelques centenaires, le *saeculum* fait environ cent ans. À la mort du dernier d'entre eux, le cycle se clôt et de nouveaux *ludi saeculares* inaugurent un nouveau *saeculum*.

Les Romains ne mémorisent pas systématiquement la succession des événements, ce que nous appelons l'histoire ; seuls sont consignés dans les Annales, ces registres que tiennent les pontifes, les faits « notables », le nom des principaux magistrats élus, les guerres étrangères, les troubles politiques et les prodiges. Le reste est « oublié ».

Ne parlons pas pour autant d'une « transmission orale », comme cela se fait souvent, qui expliquerait le caractère fabuleux des débuts de l'histoire romaine, et qui s'opposerait à une transmission écrite fiable. L'oubli n'est pas un accident, c'est l'effet d'une pratique segmentée du temps de la mémoire. Les récits sur ces temps reculés (*primordia*) ne sont pas des souvenirs déformés mais des constructions sur le mode grec, destinées à illustrer et orner la réalité présente.

Certes les Romains de la *nobilitas* et tous ceux qui pratiquent la rhétorique dans leur vie publique — formation indispensable sur le forum, à la guerre et dans les assemblées politiques —, et s'adonnent à des loisirs lettrés, connaissent ce qui est pour nous l'histoire romaine, comme la bataille du lac Régille ou l'origine des Féries latines. Mais ce matériau indispensable aux *exempla* oratoires[22] ne leur donne pas un imaginaire historique ; entre ces grands faits ou dits mémorables et le *hic et nunc* des discours, il y a une solution de continuité. Ces faits — *res* — valent pour leur force exemplaire et servent à fabriquer du *mos maiorum*, mais ce ne sont pas des événements. Non pas que les Romains se désintéressent du passé. Il y eut très tôt à Rome des passionnés d'antiquités, qu'on appelait les « antiquaires » : ils collectionnaient les vieilles histoires, les anciennes coutumes, ou encore les expressions désuètes, surtout les plus bizarres. Les historiens de Rome soit font des monographies, comme Salluste, soit restent prisonniers du cadre des Annales, comme Tite-Live ou Tacite. L'enchaînement logico-chronologique grâce au *cum historicum* et aux ablatifs absolus est toujours limité à un temps court. Mais rien à voir avec cette impériale logique chronologique, chère à l'histoire moderne, qui soumet au temps, court — celui de l'événement — ou long — celui de l'identité —, des civilisations tout entières.

Donc l'*origo* n'est pas le début ni la fin d'une histoire, d'un récit se déployant selon un temps linéaire, selon un enchaînement logico-chronologique. Rencontre d'un lieu et d'un homme, l'*origo* est une fiction intemporelle et non un événement, elle ne sert qu'à penser en droit la transmission héréditaire de la *ciuitas*, en évitant une fondation grecque, autre fiction qui, elle, à travers les ascendants, attache la citoyenneté au sol (autochtonie) ou aux fondateurs mythiques. Romulus et Énée font obstacle à une fiction vraiment généalogique. Les Romains ne sont pas les descendants de Romulus ni de leurs anciens rois. Romulus a disparu sans laisser de fils au Marais de la Chèvre, il est devenu le dieu Quirinus et son successeur fut d'emblée un étranger élu, un Sabin, le roi Numa. Ils ne descendent pas non plus d'Énée qui n'a jamais été romain. Romulus a tracé selon le rite l'enceinte d'une ville incomplète, car Énée, l'*origo*, s'était définitivement arrêté à l'extérieur.

Donc l'*origo* est un lien et un lieu. L'*origo* n'est pas envisagée comme une origine, un fait premier repoussé dans le passé, mais l'effet présent de cette origine postulée. La vérité de l'*origo* se trouve dans les pratiques rituelles, c'est là qu'elle prouve son efficacité imaginaire.

Caton et les Origines

Le livre de Caton, intitulé *Origines*, confirme ce rapport au temps impliqué par la notion d'*origo*. De ses *Origines*, perdues pour l'essentiel, nous connaissons la table des matières grâce à Cornelius Nepos :

> Une fois vieux il (Caton) décida d'écrire des Histoires (*historias*), il en écrivit sept livres. Le premier contient tout ce qui eut lieu sous les rois du Peuple Romain ; le second et le troisième se rapportent à l'origine (*unde quaeque orta ciuitas sit italica*) de toutes les cités italiennes, ce qui l'a engagé, croit-on, à donner à l'ensemble de l'ouvrage le titre d'*Origines* ; dans le quatrième est racontée la première guerre punique ; dans le cinquième, la seconde. Dans ces diverses parties, le récit est sommaire ; les autres guerres sont pareillement relatées jusqu'à la préture de Servius Galba qui pilla la Lusitanie[23].

Cornelius Nepos présente le projet de Caton par un mot grec, *Historiae* (Enquêtes), qui renvoie à l'œuvre d'Hérodote. Mais ce n'est pas le titre que lui avait donné Caton, qui l'avait intitulé *Origines* (pluriel d'*origo*). Ce titre intrigue Cornelius Nepos. Il suggère qu'il ne convient vraiment qu'au troisième livre, celui consacré aux *origines* des cités italiennes.

Le livre de Caton faisait se succéder trois périodes disjointes : les premiers temps, les guerres puniques, puis celles qui avaient suivi et qui étaient pour lui de l'histoire contemporaine. Enfin il a ajouté des « *mirabilia* » (choses extraordinaires) qui se trouvaient à son époque en Italie et en Espagne.

En ce qui concerne les premiers temps de Rome, il commence avec l'arrivée d'Énée en Italie sans rien dire de ce qui précède. Il raconte donc comment Énée et ses Phrygiens se sont unis aux Aborigènes — leur roi est Latinus —, qui sont des Grecs émigrés d'Arcadie, pour donner les Latins[24]. Il fonde une ville qu'il appelle Troie[25]. C'est le schéma même de l'*origo* : la rencontre d'un homme et d'un lieu qui va devenir le point de départ d'un *genus*.

Il est certain que Caton, pour écrire ses *Origines*, a utilisé les récits grecs de fondation des villes italiennes. Nous avons vu que ce type de récits s'était multiplié dans toutes les cités d'Italie et d'ailleurs, qui légitimaient ainsi leur appartenance à la civilisation. La matière de ces récits de fondation pourrait bien avoir été fournie, en partie au moins, par l'historien grec Timée qui avait consacré cinq livres aux migrations, fondations et fusions des peuples par mariage dans toute la Méditerranée. Plus récemment, Polémon d'Ilion (IIe siècle av. J.-C.) avait écrit les *Fondations des cités d'Italie et de Sicile*.

Mais Caton n'écrit pas des *Fondations*, il écrit des *Origines*, ce que Denys d'Halicarnasse traduit faute de mieux par « Les généalogies (*genealogias*) des cités d'Italie[26] », privilégiant la descendance plutôt que la fondation, conformément à la notion d'*origo* qui marque un commencement arbitraire ; c'est cependant une traduction insuffisante car la notion romaine d'*origo*, qui est ni une fondation (*ktisis*) ni une généalogie (*genealogia*), n'a pas son équivalent en grec.

Si Caton avait écrit en grec comme Fabius Pictor, son livre aurait comporté une *ktisis Rômas* comme celui de n'importe quel logographe grec. Mais il écrit en latin, après deux historiens qui ont écrit en grec, Dioclès de Péparéthos et Cincius Alimentus, auteurs d'une Fondation (*ktisis*) de Rome. Passer du grec au latin pour raconter la « fondation » d'une cité, c'est-à-dire un récit qui rattache cette cité à l'hellénisme, c'est faire du latin l'autre langue de la civilisation, *altera lingua*, l'autre langue de la vie en cité, l'autre grec. Mais cette traduction introduit aussi un changement de paradigme, en substituant à la notion de fondation celle d'*origo*.

Comme nous l'avons déjà noté[27], il ne présente pas les Italiens comme ethniquement séparés des Grecs puisqu'il les fait descendre des Aborigènes, Grecs venus d'Arcadie avant la guerre de Troie ; les Latins sont le résultat de la fusion de ces Aborigènes (grecs) avec les Troyens. Ce nom d'Aborigène nous ramène à l'*origo* : il signifierait un peuple premier, « *ab-origo* », celui qui est à l'origine. Il sert donc à marquer le point de départ d'un *genus*, au-delà duquel on ne remonte pas. La notion d'Aborigène est différente de celle d'autochtones issus de la terre. Elle ne dit pas le passé mais l'avenir. Ce que confirme un commentaire de Denys d'Halicarnasse :

> Il y en a qui prétendent que les Aborigènes, dont sont issus les Romains, étaient des autochtones de l'Italie, comme un peuple qui serait né spontanément (j'appelle Italie toute la péninsule qui est bornée par le golfe d'Ionie, la mer Tyrrhénienne et, ensuite, par les Alpes du côté terrestre) ;

Il corrige à partir du mot latin en soulignant qu'il signifie le début d'un *genus* et non un mode d'apparition :

> et ces auteurs disent qu'ils se sont d'abord appelés Aborigènes parce qu'ils étaient à l'origine (*archè*) des familles de leurs descendants, ou, comme nous devrions les appeler, *genearchai* (chefs de lignée) ou *prôtogonoi* (premiers nés) [28].

Denys pour sa part préfère une étymologie grecque qui renverrait à leur rusticité d'Arcadiens :

> Je pense que les Oenôtres, outre qu'ils se sont rendus maîtres de beaucoup d'autres régions en Italie, dont ils ont trouvé une partie inoccupée et d'autres faiblement peuplées, ont pris aussi une partie du pays des Ombriens, et qu'ils se sont appelés Aborigènes parce qu'ils vivaient dans les montagnes (c'est une caractéristique des Arcadiens d'aimer les montagnes) [29].

Qu'en disent nos linguistes contemporains ? Dans le *Dictionnaire étymologique de la langue latine* d'Ernout-Meillet, on lit : « Probable déformation par étymologie populaire (*ab-origine*) d'un nom ethnique de peuple ancien. » Opinion reprise telle quelle par le très sérieux et très scientifique CNRTL *s. v.* « Aborigène » [30]. Sans que les auteurs de ces deux articles, prisonniers d'une vision primitiviste, envisagent un instant que ce nom puisse ne pas désigner une population identifiable mais soit construit sur une notion servant à penser en latin les temps premiers de Rome.

Chapitre 4

Comment s'écrit l'*Énéide* : une poétique de l'*origo*

En même temps qu'Auguste faisait revivre les anciens rites civiques, et parmi eux le pèlerinage à Lavinium, qu'il décidait la construction à Rome de l'autel de la Paix, où figure le sacrifice d'Énée à Lavinium, Virgile à sa demande s'engageait dans l'écriture d'une épopée sur la migration d'Énée depuis sa ville détruite jusqu'en Italie. Ces trois actes de mémoire, le pèlerinage, l'image et l'épopée, ont en commun Lavinium où se commémore l'*origo.* L'*Énéide* peut-elle être un *monumentum* de l'*origo* et un poème épique ?

Toute épopée est au temps de Virgile un récit grec, issu plus ou moins directement d'Homère. Quand une épopée est un récit de fondation, elle prend souvent modèle sur ces Retours qui, comme l'*Odyssée*, racontent les aventures des héros de la guerre de Troie revenant chez eux, fondant des villes en cours de route ou laissant des enfants, futurs fondateurs, comme ce Romanus fils d'Ulysse et de Circé. L'*Énéide* peut-elle être autre chose qu'un récit de fondation de ce genre ? Or l'*origo* fait sortir une cité du réseau mythographique des fondations en posant un commencement absolu, sans généalogie ascendante, alors qu'une épopée homérique enserre les héros dans des réseaux narratifs et généalogiques qui les lient au passé en les définissant dans le présent par leurs liens de parenté et d'hospitalité. L'*Énéide*, à première vue, semblerait ne pas échapper à la règle et s'apparenter à un Retour puisqu'au lieu de commencer avec l'arrivée d'Énée en Italie elle la fait précéder par le récit de la chute de Troie et de ses voyages, liant ainsi Énée à son passé homérique. Énée conserve son identité troyenne au-delà de la guerre dont il raconte le dénouement sanglant à Didon. Tout cela est *a priori* incompatible avec la notion d'*origo*.

L'*Énéide* serait-elle un texte totalement grec, le récit de la fondation de Lavinium ? Serait-ce un poème généalogique qui ferait d'Auguste le descendant d'Énée sans qu'intervienne la notion d'*origo* ? Ou l'*Énéide* parvient-elle à être le poème de l'*origo* ? Mais en ce cas, comment Virgile est-il sorti du piège de la narrativité homérique ? L'*origo* étant intraduisible en récit de fondation, quel imaginaire romain Virgile réussit-il à créer à partir de la poésie homérique ?

L'enjeu dépasse une simple question d'histoire littéraire. Il s'agit de la possibilité pour la poésie romaine, par le jeu de la traduction du grec au latin, de créer de nouveaux paradigmes épiques. Et donc d'introduire un usage autre qu'ornemental de la poésie grecque en latin. Comme les images de l'*Ara Pacis*, perdant toute dimension narrative, deviennent le relais entre deux rituels, l'*Énéide* serait-elle le relais entre de multiples rituels dont le pèlerinage à Lavinium ? Mais, en ce cas, quelle pratique romaine faisait agir ce *monumentum* ?

*Qu'est-ce que l'*Énéide *?*

Trop peu de commentateurs s'étonnent que l'*Énéide*, ce grand poème national, dit-on, soit le récit de la fondation non pas de Rome par Romulus, mais de Lavinium par Énée[1]. Cet étonnement est si rare que dans la pratique tout le monde fait plus ou moins comme si Énée était le fondateur de Rome.

Il faut cependant l'aveuglement de Fustel de Coulanges, le grand historien auteur de *La cité antique*, pour aller jusqu'à l'affirmer comme une évidence. Une conception nationaliste de Rome, alliée à la croyance en une psychologie des peuples à laquelle s'ajoute une conception religieuse de la poésie primitive, lui fait perdre sa rigueur intellectuelle. Il écrit ces lignes à tous points de vue extravagantes :

Il n'y avait rien qui fût plus à cœur à une ville que le souvenir de sa fondation. Quand Pausanias visita la Grèce, au second siècle de notre ère, chaque ville put lui dire le nom de son fondateur avec sa généalogie et les principaux faits de son existence. Ce nom et ces faits ne pouvaient pas sortir de la mémoire, car ils faisaient partie de la religion, et ils étaient rappelés chaque année dans les cérémonies sacrées.

Cette mémorisation prend souvent, selon lui, la forme d'un poème :

On a conservé le souvenir d'un grand nombre de poèmes grecs qui avaient pour sujet la fondation d'une ville. Philochore avait chanté celle de Salamine, Ion celle de Chio, Criton celle de Syracuse. Zopyre celle de Milet; Apollonius, Hermogène, Hellanicus, Dioclès avaient composé sur le même sujet des poèmes ou des histoires. Peut-être n'y avait-il pas une seule ville qui ne possédât son poème ou au moins son hymne sur l'acte sacré qui lui avait donné naissance[2].

Et comme Rome est une cité, il lui faut un chant de fondation : l'*Énéide*, faute de mieux, va jouer ce rôle; par un glissement de Lavinium à Rome, l'*Énéide* se trouve assimilée à tous les hymnes grecs dédiés aux fondateurs. Quant à la multiplicité et la diversité des récits anciens sur Rome, Romulus et Énée, il veut les ignorer, allant jusqu'à dire que Naevius et Caton auraient déjà raconté la même histoire :

Parmi tous ces anciens poèmes, qui avaient pour objet la fondation sainte d'une ville, il en est un qui n'a pas péri, parce que si son sujet le rendait cher à une cité, ses beautés l'ont rendu précieux pour tous les peuples et tous les siècles. On sait qu'Énée avait fondé Lavinium, d'où étaient issus les Albains et les Romains, et qu'il était par conséquent regardé comme le premier fondateur de Rome. Il s'était établi sur lui un ensemble de traditions et de souvenirs que l'on trouve déjà consignés dans les vers du vieux Naevius et dans les histoires de Caton l'Ancien. Virgile s'empara de ce sujet et écrivit le poème national de la cité romaine.

Mais puisque l'*Énéide* n'est pas le récit de fondation de Rome, qu'est-ce que l'*Énéide*? La plupart des commentateurs évitent la question et se lancent d'emblée dans toutes sortes d'interprétations du poème de Virgile — esthétiques, philosophiques, historiques, religieuses, génériques, thématiques — ponctuées de cris d'admiration, sans se demander préalablement à quoi ils ont affaire. Comme s'ils regardaient à travers une vitre transparente un « monde possible », la fiction virgilienne des voyages d'Énée. Et c'est cette fiction qu'ils interrogent.

Il y a ceux qui dissertent sur les vertus d'Énée, les sentiments de Didon, la philosophie du *fatum*, l'histoire du Latium, les femmes ou la violence, ou encore la beauté de l'hexamètre virgilien ; ils lisent l'*Énéide* comme la mise en forme poétique et romancée d'un récit qui lui préexisterait, ou qui en serait l'effet, ce qui revient d'une certaine façon au même.

Selon certains, Virgile aurait inscrit dans des formes homériques une « préhistoire » de Rome certes légendaire mais à laquelle il aurait donné des significations politiques, éthiques, voire philosophiques. Ce sont les interprètes « classiques », les littéraires, qui cherchent à démêler l'originalité virgilienne et latine dans l'imitation d'Homère et à retrouver la philosophie de Virgile, ou tout au moins sa vision politique et morale du monde. L'histoire d'Énée, selon eux, n'est pour Virgile qu'un prétexte, et savoir d'où vient cette histoire leur importe peu.

D'autres s'installent d'emblée dans le texte, forts de leur foi : l'épopée est un genre naturel, commun à toute l'humanité, le chant spontané de chaque peuple, exaltant son *Volksgeist.* Ce sont les interprètes « romantiques », qui retrouvent l'âme du peuple italien dans le poème de Virgile qui n'en serait que le porte-parole. Tout aussi romantiques, les « archéologues » cherchent les traces des vrais commencements de Rome et fouillent le sol du Latium, l'*Énéide* à la main. Guère différents d'eux, les « anthropologues » font parler Virgile comme un informateur indigène. Tous ceux-là examinent l'*Énéide* à la loupe et le moindre détail les lance sur des pistes folkloriques ou ethnologiques.

Les uns comme les autres, les classiques comme les romantiques, savent déjà avant de le lire ce qu'est le poème de Virgile, sans se poser la question : « Qu'est-ce que l'*Énéide*? »

Osons la poser : « Qu'est-ce que l'*Énéide*? » Ni les présupposés des romantiques ni ceux des classiques ne résistent à une critique élémentaire. L'*Énéide* ne peut pas être cette épopée nationale spontanée, ce surgissement de la mémoire de soi dans sa forme primitive, c'est-à-dire poétique, que l'histoire postromantique attend de chaque peuple. À l'évidence, l'*Énéide*, avec son titre grec, sa réécriture lettrée d'Homère et dont on sait qu'elle fut une commande d'Auguste, ne répond pas à la définition de l'épopée comme émanation directe de la conscience d'un peuple. Mais pourquoi devrait-on *a priori* chercher dans l'*Énéide* le souvenir de vieilles légendes italiques qui enracineraient ce poème dans la terre italienne ?

Peut-on pour autant lire dans l'*Énéide* une vision du monde, avec ses valeurs, ses héros et ses vérités, que le poète aurait cachée dans une esthétique mythologique ? Comment voir dans Énée, prince troyen, une figure de l'idéal romain ? Par quel jeu allégorique ce Phrygien que ses amours rapprochent plus d'Antoine que d'Octave viendrait-il incarner le prince idéal en un temps où, pour les Romains, l'Orient efféminé concentre tous les vices et les dépravations grecques ? Pourquoi vouloir *a priori* que l'*Énéide* soit porteuse d'une philosophie (laquelle, d'ailleurs ?) que Virgile aurait voulu transmettre à l'humanité ?

Allons plus loin. L'*Énéide,* au-delà de la question de son sens et de ses sources italiques, est-elle un (grand) récit ? Le texte crée-t-il un espace et un temps, stables et cohérents, avec des personnages et des événements ?

Il faut donc poser la question « Qu'est-ce que l'*Énéide* ? » sans préjugé littéraire ou anthropologique. Autrement dit : « À quelles conditions ce texte devient-il intelligible pour nous aujourd'hui ? » Notre projet n'est pas de retrouver la vérité de l'*Énéide* comme texte, ni son statut ontologique, mais de chercher dans quel type d'énonciation, selon quelle pragmatique, nous pouvons faire fonctionner l'*Énéide* comme énoncé, comme trace d'une pratique particulière d'écriture/lecture à reconstituer. Il est de voir si ce fonctionnement particulier n'est pas à mettre en rapport avec le rituel de Lavinium, avec ce décalage entre fondation et *origo*, qui est à l'origine de notre doute radical ; et au-delà encore, peut-être d'inverser le sens qui est attribué généralement à l'*Énéide*, y voir non pas une épopée nationale, mais au contraire un poème du métissage et de la dénégation des origines.

Remake, *calque, transfert et dénégation*

Qu'est-ce que l'*Énéide*? À première vue, un objet esthétiquement étrange. Face à l'art grec qui donne un sentiment d'authenticité, l'art romain et l'*Énéide* en particulier offrent l'impression d'un bric-à-brac néoclassique. Difficile de ne pas lire l'*Énéide* comme une (mauvaise) imitation d'Homère qui nous laisse sans repère. Qu'est-ce que ce « pieux » Énée, à la fois Achille et Ulysse, un Achille tiédasse et un Ulysse fadasse, qui porte son père sur son dos? L'*Énéide* sonne creux. Ces effets de trompe-l'œil, cet Homère raté ne peuvent être que volontaires, et ce décalage qui nous met mal à l'aise est sans aucun doute constitutif de l'écriture de l'*Énéide*.

Donc nous partirons de ce malaise en le formulant ainsi : l'*Énéide* est de l'Homère tout en n'étant pas de l'Homère, et nous ferons de ce sentiment premier non pas un jugement mais un principe d'analyse de la poétique de Virgile.

D'abord, et c'est une évidence partagée depuis l'Antiquité[3] : par sa composition générale, l'*Énéide* est le *remake*[4] latin d'une *Odyssée* suivie d'une *Iliade*. Énée navigue à travers la mer puis débarque dans le Latium (*Odyssée*) et combat pour une ville (*Iliade*). Chacune de ces deux parties est une succession de séquences juxtaposées, empruntées pour la plupart aux deux poèmes homériques; par exemple, la descente d'Énée aux Enfers reprend la consultation des morts par Ulysse, le banquet chez Didon où Énée raconte ses voyages, reprend le banquet chez les Phéaciens où Ulysse raconte lui aussi ses voyages, le combat d'Énée et de Turnus reprend celui d'Achille et d'Hector, le bouclier d'Énée que Vénus demande à Vulcain reprend le bouclier d'Achille demandé par Thétis à Héphaïstos, etc. Mais aucun de ces épisodes virgiliens n'a le même goût que chez Homère. Ainsi la descente aux Enfers d'Énée est une visite commentée et pittoresque au bord du Léthé, le séjour chez

Didon devient une tragique et brûlante histoire d'amour avec une reine trop orientale. Les épisodes homériques sont détournés diversement, il y en a de philosophiques — Énée aux Enfers reçoit de son père Anchise une leçon de pythagorisme —, il y en a de burlesques, comme la course de bateaux au cours des jeux funèbres en Sicile.

Ensuite, le langage même de l'*Énéide* est un tissu homérique. Les vers de Virgile sont des vers d'Homère en latin. Ce sont des hexamètres dactyliques[5], comme les vers d'Homère et des épopées grecques en général; en outre, Virgile mime la composition formulaire caractérisant Homère, mais cette reprise de la composition homérique tantôt s'approche, tantôt s'écarte du modèle grec, depuis le calque jusqu'à l'allusion.

Un exemple. Dans l'*Iliade* et l'*Odyssée*, le début de la journée et donc d'un nouvel épisode est signalé par la fameuse « Aurore aux doigts de rose » dans une formule qui occupe un premier demi-vers :

> Quand parut la fille du matin, Aurore aux doigts de rose, //alors Ulysse sauta de sa couche...

Le second demi-vers sert à enclencher le récit par une corrélation temporelle, « quand... alors... ». Cette formule, c'est-à-dire ce premier demi-vers, est présente vingt-deux fois dans l'*Odyssée*, telle quelle. D'autres formules, moins fréquentes, qui ne sont que des variations, ont la même fonction, comme « l'Aurore aux belles boucles » :

> Mais quand l'Aurore aux belles boucles eut fait naître le troisième jour...

Virgile ne traduit pas les formules homériques mais il en fabrique d'autres du même type. Elles n'ont rien de particulièrement romain, sauf qu'elles sont en latin : *Eôs* devient *Aurora*. Virgile écrit de l'Homère en latin; si ses formules ne sont pas la traduction mot à mot des formules homériques, elles pourraient l'être, elles leur font allusion. Elles servent à produire des énoncés comparables dont l'usage et le sens dans la narration sont les mêmes : commencer un épisode avec le lever du jour signalé par une expression formulaire mythologique.

Par exemple, Virgile écrit :

> Et déjà la première Aurore inondait la terre d'une lumière nouvelle,
> abandonnant à Tithon sa couche safranée[6]...

Le second vers fait allusion à une occurrence unique de cette variation sur Eôs dans l'*Odyssée* au chant V :

> L'Aurore quittant la couche du glorieux Tithon
> se leva pour porter le jour aux immortels et aux mortels...

Ces formules virgiliennes ne sont qu'allusives, elles ne renvoient pas à la pratique de l'aède homérique pour qui l'utilisation de ces formules était liée à l'improvisation. Elles ne sont pas fonctionnelles comme dans Homère mais signalent le statut générique du texte virgilien, qui « imite » l'énoncé homérique, le rendant ainsi présent et absent.

Cette distance que marque l'imitation se retrouve dans « la correction » d'Homère[7] ; en effet, à la différence d'Homère, Virgile n'utilise qu'une ou deux fois seulement la même formule, montrant ainsi sa supériorité par sa capacité à varier ses expressions (*uariatio*), qualité poétique selon les Alexandrins. Par exemple, la formule :

> Ensuite, parcourant de la lumière de Phébus la terre
> l'Aurore avait chassé du ciel les ténèbres humides
> quand... (*Énéide*, IV, 5-7)

devient :

> Ensuite, déjà le jour se levait avec la première étoile du matin (*Eoo*),
> l'Aurore avait chassé du ciel les ténèbres humides... (*Énéide*, II, 587-8)

La variation est ici particulièrement sophistiquée, car l'Aurore est présente sous deux dénominations : l'une est latine, « *Aurora* », et l'autre, par l'intermédiaire de l'adjectif latin « *Eous* », est un calque du grec *Eôs*. Il y a deux strates de langue, ce qui rend le texte de Virgile intraduisible en français. Procédé récurrent dans l'*Énéide* où le latin peut toujours, comme ici, se dédoubler pour traduire, en ajoutant un calque lexical au terme latin. *Eous* est un adjectif latin, fait sur *Eôs*, le nom grec de l'Aurore employé par Homère. Ces deux vers offrent deux formes de transfert : le calque et la traduction. Dans le calque, le mot latin est du grec avec le même signifié et le même signifiant, le latin est du grec. Dans la traduction, le signifié est le même, avec un autre signifiant. Le latin est l'équivalent du grec, le latin est un autre grec. (Quand nous disons ici que le signifié est le même, ce n'est pas seulement la sémantique du mot qui est la même mais aussi son emploi dans une formule épique.)

Ces deux aurores romaines, l'une grecque et l'autre latine, montrent le statut ambigu du latin et son exploitation par Virgile dans l'*Énéide* : le latin est du grec et il n'est pas du grec, il est comme du grec. Et ce « comme » définit un espace flou et glissant de signifiés et de signifiants. C'est la même indécision mouvante qui régit en général la création des vers formulaires chez Virgile, qui, plus ou moins, sont et ne sont pas des vers homériques. Rien d'étonnant à Rome que cette façon de créer une langue épique qui soit et ne soit pas grecque. Virgile juxtapose ces contraires et crée ainsi un langage intermédiaire et instable, gréco-latin, dans lequel s'écrit l'*Énéide*.

Cette dénégation du grec est-elle aussi une dénégation du latin ? Il n'y a pas symétrie puisque le latin est finalement la langue du poème ; en revanche, le latin est, comme on le verra, rongé de l'intérieur par les étymologies grecques.

Les premiers vers de l'*Énéide* annoncent ce programme de dénégation — être et ne pas être — par un double *proemium*[8] qui reprend successivement celui de l'*Iliade* puis celui de l'*Odyssée*. Le chant I commence par une reprise de l'*Iliade* :

> Je chante (*cano*) les combats du héros qui fuit les rivages de Troie
> et selon les destins parvint le premier en Italie, aux bords de Lavinium ;
> longtemps sur terre et sur mer, la puissance des dieux d'en haut
> le malmena, à cause de la colère tenace de la cruelle Junon. (*Énéide*, 1-4)

comparable à :

> Chante (*aeide*) la colère, déesse, du fils de Pélée, Achille,
> colère funeste, qui causa mille douleurs aux Achéens,
> précipita chez Hadès mainte âme forte de héros,
> et fit de leurs corps la proie des chiens et
> des oiseaux innombrables, et la volonté de Zeus s'accomplissait.
> (*Iliade*, 1-5)

Même composition en parataxe avec, en tête, les performatifs « chante » ou « je chante » : le récit qui va suivre, c'est-à-dire le poème tout entier, est condensé par une juxtaposition de relatives et de verbes coordonnés qui permet ensuite une expansion potentiellement infinie. À « la colère d'Achille » chez Homère correspondent « les combats du héros » dans Virgile, à « la volonté de Zeus », « la colère de Junon ».

Mais au lieu de l'impératif adressé à la *Mousa* grecque « chante, déesse », le verbe latin est une première personne, « je chante » (*cano*). Il y a une différence fondamentale entre les deux énonciations qui explique pourquoi les références à la poétique d'Homère ne peuvent être que des allusions. Le poète romain prend en charge son poème comme un texte écrit sans en faire la voix de la Muse, sans improviser. *Cano* traduit en latin de façon conventionnelle le grec *ado*, mais les deux verbes renvoient à des pratiques différentes. Le texte d'Homère est la trace écrite d'une tradition de chants, celle de l'aède au banquet, inspiré par la *Mousa*. Rome n'a jamais connu de tels usages de la poésie chantée, et donc *cano* signifie qu'il s'agit d'une traduction au sein de la seule pratique de poésie épique romaine : l'écriture. *Cano* signifie ici « j'écris de l'Homère en latin ». Ce verbe à lui seul donne le statut de l'*Énéide*, transfert d'Homère en latin, sans que le langage d'Homère disparaisse dans ce transfert. Il sera présent et absent. Pratique d'écriture dont nous verrons à quelle lecture elle peut correspondre[9].

À cette forme de transfert assumé et exhibé — l'*Énéide* est présentée comme faisant allusion à Homère sans en reprendre l'énonciation, c'est-à-dire l'improvisation inspirée de l'aède —

s'ajoute une autre traduction, celle du proème de l'*Odyssée*, plus proche de l'énoncé grec, qui va jusqu'à calquer le latin *Musa* sur le grec *Mousa.*

> Muse (*Musa*), rappelle-moi (*mihi memora*) pourquoi, pour quelle offense à sa divinité
> pour quel chagrin la reine des dieux contraignit
> un héros pieux entre tous (*insignem pietate uirum*)
> à traverser tant d'aventures, à affronter tant d'épreuves ? (*Énéide*, 7-10)

et

> Muse, dis-moi (*ennepe*), le héros aux mille tours (*andra... polutropon*), qui porta de toutes parts
> ses pas errants, après avoir détruit les remparts sacrés de Troie,
> et parcourut les cités de peuples nombreux, et s'instruisit de leurs mœurs. (*Odyssée*, 1-3)

Mais à côté du calque *Musa* / *Mousa*, Virgile marque un écart avec la formulation homérique en substituant « rappelle » (*memora*) à « dis » (*ennepe*), au lieu de traduire le verbe grec. Pour mieux interpréter ce nouvel exemple d'un langage intermédiaire et mouvant, gréco-latin, comparons cette reprise par Virgile du premier vers de l'*Odyssée* avec celles d'autres poètes épiques romains, plus anciens, qui avaient déjà « joué » avec ce vers.

D'abord Livius Andronicus (vers 285-204 av. J.-C.) qui avait traduit l'*Odyssée* en latin, traduction dont il ne nous reste que ce seul premier vers ; c'est Aulu-Gelle qui le cite[10] :

> Dis-moi l'homme, Camène, rusé (*uirum mihi, Camena, insece uersutum*) composé (*factus*) à partir de ce fameux vers d'Homère *[f]andra moi ennepe, Mousa polutropon.*

Le vers latin est moulé, mot à mot, sur celui d'Homère : *uirum* traduit *andra*, *uersutum* traduit *polutropon*, *insece* traduit *ennepe* et *Camena* traduit *Mousa* ; mais ce moulage est fait selon des modalités différentes pour chaque mot latin, situant ainsi chaque mot de la traduction à plus ou moins grande distance du grec.

Virum est l'exacte traduction institutionnelle d'*andra* : c'est l'homme masculin, adulte et libre, doué de courage. Mieux encore, *polutropon* est traduit par *uersutum*, « fourbe, ingénieux », parce que le verbe latin *uerto* signifie « tourner » comme le grec *trepo*. Il s'agit en ce cas d'une adéquation du signifié latin au signifié grec comme pour *uirum* mais qui va jusqu'à reproduire la formation du mot.

Bien différente est la traduction de *Mousa* par *Camena*, une divinité romaine, interprétation convenue de *Mousa* bien qu'elle ne soit pas à Rome une divinité inspiratrice. La distance maximale entre les deux noms manifeste la volonté romaine d'affirmer des équivalences de dieu à dieu, ce que les Romains appelaient *interpretatio*. Cette habitude était liée à l'installation des dieux étrangers à Rome après une victoire, souvent sous des dénominations latines, comme *Juno Cælestis* traduit la Tanit punique. La *Mousa* sous le nom de *Camena* est ici une divinité grecque vaincue ayant accepté de venir s'installer à Rome.

En revanche, quand le mot grec n'a pas son équivalent latin, Livius Andronicus crée ou adapte un mot latin en le calquant quasiment sur le grec. C'est ainsi qu'*in-sece* pourrait bien avoir été une création de Livius Andronicus sur le modèle du grec *en(n)-epe*.

Aulu-Gelle commente ainsi ce verbe « *insece* » :

> Si les Anciens ont préféré *insece* à *inseque*, je pense que c'était pour la facilité et la douceur de la prononciation, et que les deux verbes ont le même sens. *Sequo* et *sequor* [suivre], *secta* et *sectio* diffèrent, sans doute dans le langage usuel ; mais, à bien examiner, ils ont la même origine, la même racine. Les plus savants interprètes de la langue grecque trouvent que *andra moi ennepe, Mousa* et *espete nun moi, Mousai*, « Muses, dites-moi maintenant », répondent à l'*inseque* du latin. Ils disent que la lettre *pi* a été transférée dans le second verbe, le mot même *épè*, qui signifie paroles, ou vers, leur paraît dériver de *hepesthai* « suivre » et de *eipein* « dire ». C'est donc par la même raison que nos ancêtres ont employé *insectiones* dans le sens de « récits, discours ».

Commentaire qui donne au latin et au grec les mêmes racines et le même processus de formation du vocabulaire non seulement en établissant la même corrélation entre les deux verbes grecs et les deux verbes latins qui signifient suivre et dire, mais encore en y voyant le même signifiant dans sa version grecque, avec un *pi*, et sa version latine, avec un *qu*. Aulu-Gelle, comme bien d'autres grammairiens anciens, non seulement donne une étymologie grecque aux mots latins mais dessine une formation parallèle du vocabulaire. *Insece* est un quasi-calque d'*ennepe*.

Ennius (239-169 av. J.-C.) réutilisera ce verbe dans son épopée des *Annales*.

> C'est ainsi qu'Ennius a écrit : « Continue à chanter (*inseque*), Muse, les exploits de tous les généraux romains contre le roi Philippe »[11].

Ce verbe *sequere* (raconter) se retrouve une ou deux fois chez Plaute et Caton puis il disparaît, sans qu'on puisse dire s'il existait avant Livius Andronicus ou si c'est lui qui l'a introduit dans la langue. Ce qui ne serait pas impossible, vu que sa traduction de l'*Odyssée* était destinée aux enfants des écoles pour qu'ils y apprennent à lire et à écrire. Quoi qu'il en soit, l'important est la façon dont les grammairiens anciens s'attachent à retrouver une parenté entre le latin et le grec, montrant l'enjeu identitaire des pratiques de transfert. Ainsi la remarque liminaire d'Aulu-Gelle sur la facilité et la douceur de la prononciation d'*insece* réfère au désir des Romains que la poésie en latin égalât en douceur la poésie en grec[12]. Il s'agit de démontrer que le latin est une vraie langue comme le grec, qui peut occuper à Rome toute la place qu'occupait préalablement le grec dans le monde de l'*otium*, c'est-à-dire des loisirs voluptueux et studieux. La proximité des signifiants entre le mot grec et le mot latin favorise cette substitution.

Cette affaire d'*insece* montre bien la complexité des rapports de Rome et de la Grèce à travers le latin oscillant entre identité et altérité. Ce qui est manifeste quand traduire c'est faire du grec en latin[13]. D'où ce latin des poètes épiques, cette langue mouvante entre le latin de la politique et de la religion des

Romains et le grec du texte transféré. Sur ce point, la poétique de Virgile est dans la tradition romaine.

Maintenant, revenons au vers de l'*Énéide* et comparons-le à ceux de Livius Andronicus et d'Ennius : le choix par Virgile d'écrire *memorare*, à la place du quasi-calque *insece*, désigne l'*Énéide* non plus comme une traduction-calque de l'*Odyssée* mais comme un *monumentum* élevé à Énée dans la Rome contemporaine. Le sens en latin de *memorare* réunit celui de « déclarer, dire » et de « faire se souvenir »; *memorare*, c'est donc « créer une mémoire » que perpétuera l'objet créé, le *monumentum*, objet parlant grâce au lecteur [14].

Memorare est donc la traduction romaine d'une pratique grecque, celle du *kleos*, gloire liée à l'oralité, par une pratique romaine, celle du *monumentum*, une gloire célébrée par un objet mémoriel. Comme *cano*, il signale le transfert d'une culture à l'autre, où la poésie de la mémoire est une pratique différente dans chacune.

Si la poétique de Virgile, comme celle d'Ennius ou de Livius Andronicus, est un jeu avec la traduction, le calque et le transfert, elle ouvre un éventail plus large du côté grec comme du côté romain. L'*Énéide* de Virgile est esthétiquement plus grecque que les poèmes de ses prédécesseurs, ses vers sont plus doux et ressemblent plus à des vers homériques, mais elle est aussi plus romaine quand Virgile choisit de qualifier son poème de *monumentum* et préfère un transfert culturel à une traduction linguistique qu'il va utiliser à un autre moment du poème.

La traduction n'est pas sans faire penser à l'*origo*, qui donne accès à la *ciuitas* romaine par une *translatio*. Le grec d'Homère est ici comme l'*origo* de la langue de l'*Énéide* : elle vient du grec puisqu'elle le traduit mais le latin n'est pas du grec, ne descend pas du grec. Virgile laisse affleurer des mots grecs mais écrit toujours en latin. Pouvoir écrire de l'Homère en latin fait du latin un autre grec jusque dans ses potentialités poétiques.

La vie de Brian *et la course de navires*

Ce jeu du calque, du proche et de l'écart se retrouve dans la composition des épisodes. Le texte joue entre la Grèce homérique et la Rome contemporaine de Virgile, en les juxtaposant, comme Éos et l'Aurore. Les séquences homériques sont ponctuées sans cesse de références à la Rome républicaine et augustéenne. Les gloses des Anciens[15] en témoignent abondamment qui relèvent vers par vers toutes les allusions aux coutumes romaines contemporaines de Virgile attribuées aux Troyens. Les Troyens de l'*Énéide* sont des héros homériques et des Romains du Iᵉʳ siècle. La Carthage de Didon pourrait être la métropole orientale d'un roi hellénistique dont le faste est tout alexandrin. Toute l'histoire de Rome est sur le bouclier d'Énée. L'avenir est déjà là.

Virgile fait de chaque épisode ce qu'on appelle aujourd'hui au cinéma le *remake* d'un épisode homérique, un *remake* affiché qui citerait sans cesse l'œuvre d'origine. Mais à ces deux références temporelles, l'*Énéide* ajoute un troisième temps, car la Rome contemporaine d'Auguste est par moments travestie en un monde archaïque, qui caractérise, mais pas toujours, l'Italie où Énée débarque. C'est un archaïsme fabriqué selon le goût du jour tel qu'on le trouve chez les autres poètes augustéens et dont la fausseté est souvent explicite. Par exemple, ces vers d'Ovide où le poète s'adresse à un lecteur romain qui est son contemporain :

> Au lieu du toit de bronze que tu vois de nos jours, tu aurais vu alors un toit de chaume,
> et ses parois étaient faites d'osier tressé.
> Ce petit espace qui constitue la demeure de Vesta
> était alors le palais royal de Numa l'hirsute[16]...

La Rome archaïque est la Ville présente, mais repeinte aux vertes couleurs de la *rusticitas* : forêts, bergers, guerriers farouches, cabanes enfumées et banquets sur le gazon. Mais, inversement, le palais de Latinus est une superbe demeure digne des rois de Troie et de Mycènes, édifié sur l'acropole de sa ville :

> Demeure auguste, immense, portée vers le ciel par cent colonnes,
> elle occupe le sommet de la ville. (*Énéide*, VII, 170-171)

et il possède des écuries somptueuses :

> Après ce discours, le roi choisit des chevaux de ses écuries.
> Il en possédait trois cents, au poil brillant, dans ses beaux enclos ;
> aussitôt il ordonne d'en amener un à chacun des Troyens,
> coursiers rapides, couverts de pourpre et de tapis brodés ;
> de longs colliers dorés pendent sur leur poitrail,
> ils sont couverts d'or, et leurs dents rongent des mors d'or fauve.
> (*Énéide*, VII, 274-279)

L'archaïsme du Latium dans l'*Énéide* rappelle les migrations arcadiennes en Italie avant la guerre de Troie, utilisées par les récits de fondation. La cabane d'Évandre l'Arcadien édifiée sur le futur site de Rome contraste avec le palais du roi latin ; Énée est reçu dans une petite pièce et s'assoit sur un matelas de feuilles recouvert d'une peau d'ours [17].

L'Italie de l'*Énéide* est un patchwork qui combine la Rome d'Auguste, le monde homérique et des fictions archaïques. Le résultat produit un effet bizarre, suscitant par moments un doute iconoclaste : l'*Énéide* ne serait-elle pas une sorte de *Vie de Brian* [18] ? C'est peu vraisemblable, cependant. La commande d'Auguste devrait en faire foi. Quoique…

Dans ces conditions, pourquoi ne pas interpréter la poétique des épisodes comme nous avons interprété la poétique des vers, comme la création d'un espace mouvant et incertain jouant de la proximité et de l'écart avec le texte originel ? En ajoutant un troisième pôle, l'archaïsme.

Deux mille ans avant *Ben Hur*, la course de bateaux au cours des jeux funèbres d'Anchise au chant V de l'*Énéide* est un *remake*, doucement burlesque, de la course de chars au chant XXIII de l'*Iliade* lors des funérailles de Patrocle. Ces jeux en l'honneur du père d'Énée mort un an auparavant — selon l'usage romain, les jeux funèbres (*ludi funebres*) ont lieu le jour anniversaire de la mort — reprennent « à la romaine » la course de chars homérique et lui substituent une course de bateaux. Si les *ludi funebres* sont bien une traduction culturelle possible des jeux funèbres en l'honneur de Patrocle, en revanche, la course de bateaux n'est pas son adaptation aux coutumes romaines : les Romains ne pratiquent pas plus que les Grecs ce genre de sport [19]. C'est une transposition ludique et dérisoire ; en effet, alors que dans l'*Iliade* les cochers risquent leur vie en tournant la borne, les pilotes troyens ne feront que tomber à la mer et barboter près du rivage sous les rires des spectateurs.

Mais cette course navale n'est pas simplement une réécriture maritime et cocasse, une parodie d'Homère, elle est introduite par un jeu verbal qui la fait basculer dans le monde contemporain de Virgile et explique pourquoi les chars se sont mués en bateaux.

À Rome, le vocabulaire technique de l'hippodrome, l'argot du cirque, est emprunté à la navigation et un accident de char est appelé « naufrage ». Donc Virgile réalise une métaphore contemporaine et latine pour générer à partir de la course de chars de l'*Iliade* une course de bateaux d'autant plus dérisoire. S'il avait voulu établir une correspondance avec le temps présent, il lui était facile d'utiliser les courses de chars qui avaient lieu si fréquemment dans le Grand Cirque. Or, ici, il substitue le mot à la chose et le rapprochement avec le temps présent se fait par une métaphore et non pas par la traduction d'une culture à l'autre, d'un référent à l'autre. Virgile traite Homère comme un langage et non comme la représentation d'un monde même fictif. Son texte n'a de réalité que verbale, ne construit pas une illusion de référent. Tout se passe comme dans *Les Acharniens* d'Aristophane où un personnage exerce un chantage efficace sur des charbonniers en menaçant d'égorger leurs « enfants » métaphoriques : des sacs de charbon. Virgile pousse l'anachronisme volontaire jusqu'à attribuer aux Troyens des trirèmes — navires à trois rangs de rame —, dont toute l'Antiquité savait qu'elles n'existaient pas chez Homère ni avant la fin du VIIIe siècle [20]. Mais l'*Énéide* ne cherche pas l'exactitude historique et, pour les contemporains de Virgile, un navire de guerre est forcément une trirème. Comme aujourd'hui un documentaire fiction sur la Rome de César offre au public européen ce qu'il veut voir, par exemple un Vercingétorix barbu, moustachu, chevelu et couvert de peaux de bête, étranglé en plein forum sous l'œil sadique de Jules César[21].

Virgile, ensuite, retourne la métaphore et écrase le temps en comparant cette course de bateaux à une course de chars, telle que ses contemporains en voient dans le cirque :

> Dans une course de biges, les chars ne se précipitent pas avec tant d'ardeur,
> quand, sortis des carcères, ils ont gagné la plaine et s'y ruent
> et, quand les attelages sont lancés, les auriges ne sont pas ainsi penchés,
> tête en avant, pendus à leurs fouets, agitant leurs brides ondoyantes. (*Énéide*, V, 144-147)

Par cette comparaison en retour, les Troyens sont transportés dans le Grand Cirque, mais un grand cirque archaïque : c'est le paysage qui dessine l'espace spectaculaire sur le modèle d'un cirque urbain, permettant que résonnent ces cris qui caractérisent rituellement à Rome les courses de chars. Ainsi la clameur des spectateurs troyens est celle des factions (*fauentum*) du Grand Cirque avec quelques travestissements archaïsants conventionnels : tout ce qui est en pierre dans la Rome de cette fin du Ier siècle av. J.-C. est en gazon ou en feuillage dans l'*Énéide*, rien n'est encore construit mais les rivages et les lieux naturels annoncent par leur dessin les futurs édifices urbains. *Rus* et *silua* sont le travestissement archaïque de l'*Vrbs*.

> Alors tout le bois résonne des applaudissements bruyants des soldats
> et des cris ardents des supporters ; l'anse du rivage répercute les voix ;
> les collines frappées par les clameurs en renvoient l'écho.

À quoi s'ajoute un autre jeu de ressemblance et de distance. Les Romains ont assisté, ou du moins ils en ont entendu parler, à une *naumachia* qui a été donnée par César en 46 av. J.-C. à l'occasion des funérailles de sa fille Julie[22]. Les circonstances l'apparentent à des *munera* (combats de gladiateurs). Dans un bassin creusé pour l'occasion, des navires de guerre s'affrontent, reconstituant ainsi une vraie/fausse bataille navale. Chaque flotte incarnait un peuple célèbre de la Grèce classique ou de l'Orient : cette première fois, la naumachie opposa les « Égyptiens » et les « Tyriens ». Le latin *naumachia* est un calque du nom grec, littéralement « combat naval ». Passant du grec au latin, le terme passe de la réalité historique au spectacle. Ici aussi la Grèce traduite est présente à Rome sous la forme d'une image fabriquée.

Quel rapport entre la *naumachia* de César et la course navale de l'*Énéide*? Des trirèmes font le spectacle dans les deux cas. Mais l'écart est grand entre l'une et l'autre : une *naumachia* est un combat réel et sans gloire où meurent des gladiateurs, la course de bateaux des Troyens en Italie est une compétition athlétique où des pilotes héroïques, nobles compagnons d'Énée, cherchent la gloire comme des Grecs.

Cette succession de métaphores et comparaisons indique un trajet. Ce trajet verbal fait passer le lecteur romain d'une course de chars à une autre, du texte homérique, réalité compacte, fondement et langage de toute épopée, à son univers contemporain tout aussi compact : entre les deux, la course de bateaux est une image virtuelle, transitoire et instable, qui ne s'inscrit dans aucun temps. À la question « Qu'est-ce que l'*Énéide*? », cet épisode de la course de bateaux répond en termes pragmatiques : le lecteur romain contemporain de Virgile est le seul destinataire possible, et cela dans le temps de sa lecture, d'une succession d'images verbales ancrées dans Homère et dans la Rome contemporaine sans appartenir ni à l'un ni à l'autre.

Virgile ne fait pas des courses de chars dans le Grand Cirque de Rome l'analogue historique des courses de chars de l'*Iliade*. Il ne dit pas que les Romains sont des Grecs homériques comme le faisait Denys d'Halicarnasse à la même époque[23]. L'*Énéide* relie les Romains contemporains aux héros homériques par un trajet purement verbal. Les Romains sont au bout du trajet commencé à Homère. Ce trajet est composé en langage homérique et avec toutes sortes de manipulations qui en déconstruisent la fonction représentative. Le trajet verbal ne reproduit aucun trajet temporel réalisable, c'est un parcours des textes homériques que le texte virgilien déconstruit comme épopée narrative, pour se construire par un jeu d'anachronismes, d'archaïsmes et de figures poétiques.

Substituer une course navale à la course de chars de l'*Iliade* renvoie à la situation du chant V de l'*Énéide* dans la composition générale du poème : Énée et ses compagnons sont (encore) dans l'*Odyssée* et sont donc privés de chars. Ainsi pour inscrire dans l'*Odyssée* une course qui normalement appartiendrait à l'*Iliade*, Virgile utilise une métaphore, autrement dit une *translatio* (un déplacement). Ces Troyens sur leurs bateaux sont des métaphores odysséennes et latines des Achéens sur leurs chars au pied des murs de Troie. Ce sont des simulacres d'Achéens égarés dans l'*Odyssée*. Puis ces simulacres d'Achéens de l'*Iliade* sont à leur tour comparés à des Romains dans le Cirque, c'est-à-dire aux lecteurs de Virgile. Située entre deux métaphores, entre deux déplacements, dans le temps et l'espace, cette course de bateaux n'est que l'image instable d'un passage et ne contribue pas à construire une fiction temporelle où Énée voyagerait.

Qu'est-ce que l'*Énéide* ? Un système de *translationes* multiples et transitoires qui valent comme gestes et non comme résultats. Car le texte se détruit au fur et à mesure qu'il se compose. Le lecteur croyait saisir une réalité, il assistait à une course de bateaux improvisée dans un golfe désert, et le voici détrompé, il est à Rome, dans le Grand Cirque au milieu de supporters hurlants, puis il repart assister à des jeux athlétiques grecs. Cette instabilité crée chez nous, lecteurs du XXIe siècle, un malaise car elle contrevient à nos habitudes de lecture : nous attendons que la lecture d'un récit nous fasse voir un monde auquel nous puissions croire un minimum et non pas un monde incohérent dont changent sans cesse les règles de production.

Le contrat de lecture semble avoir été tout autre avec le destinataire romain de l'*Énéide*[24]. Il ne lui est pas demandé de croire en une fiction mais de participer à la fabrication du texte comme trajet, dans un va-et-vient permanent entre Homère et son propre monde. Le destinataire qui fait exister l'*Énéide* est un Romain contemporain de Virgile qui connaît Homère « par cœur », il reconnaît le son homérique et, quand elles ont lieu, perçoit les dissonances, identifie les allusions à son environnement moderne et reconnaît toutes les formes d'archaïsme.

Ainsi ce qui pour nous est une lecture fastidieuse, toute cette dramatisation « ronflante » de la course, avec intervention divine et autres, qu'on qualifiera plus tard de « néoclassique », est pour lui l'actualisation d'un langage familier, celui de l'*Iliade* ou de l'*Odyssée*. Par exemple, quand les Néréides et autres dieux de la mer interviennent pour donner la victoire à Cloanthe, c'est une façon de citer Homère par ce qui le caractérise, l'intervention des dieux lors des affrontements humains :

> Et leurs proues étant alignées,
> la « Pristis » l'aurait peut-être emporté,
> si Cloanthe, les deux mains tendues vers le large, ne s'était répandu
> en prières et n'avait invoqué les dieux en faisant des vœux :
> « Dieux qui détenez l'empire de la mer, maîtres de ces flots que je parcours,
> je serai heureux de consacrer sur ce rivage un taureau éclatant,
> en votre honneur, pour m'acquitter de ce vœu devant vos autels ;
> je jetterai ses entrailles dans l'onde salée, et ferai des libations de vin. »
> Il parla, et dans les profondeurs des flots, tous l'entendirent :
> le chœur des Néréides et de Phorcus, et la vierge Panopée ;
> le vénérable Portunus en personne le poussa de sa main puissante.
> Plus rapide que le Notus et qu'une flèche ailée,
> le navire vola vers le rivage et disparut au fond du port. (*Énéide*, V, 232-243)

Homère n'est là que pour être travesti selon les règles que nous avons vues précédemment. Cette course de chars va être déguisée « avec les moyens du bord ». Ainsi, puisque les cochers deviennent des pilotes et puisque les chevaux d'Homère ont un nom, les bateaux vont en avoir aussi. Il y aura la « Baleine », la « Chimère », le « Centaure », la « Scylle ».

Et comme dans le cirque romain il y a toujours une borne à contourner, Énée confectionne une borne archaïque pour les navires : avec une branche d'arbre qu'il place sur un récif. Dans l'*Iliade*, un arbre sec servait de borne.

Un tronc sec se dresse d'une brasse au-dessus du sol,
chêne ou pin, bois que ne pourrit pas la pluie.
Deux pierres s'y appuient de chaque côté, deux pierres blanches,
au croisement des chemins ; mais, tout autour, la piste est unie.
C'est là le tombeau de quelque mort antique,
ou une borne faite au temps des anciens ; et aujourd'hui,
c'est la borne marquée par le rapide, le divin Achille. (*Iliade*, XXIII, 326-332)

Mais Virgile renchérit d'archaïsme et de sauvagerie : Homère signalait des traces d'occupation humaine, laissées par des hommes d'avant, Virgile les supprime, car ce sont les hommes d'avant qui sont ses héros :

Loin au large, face au rivage écumant, on voit un rocher
que parfois les flots gonflés viennent recouvrir et battre,
lorsque les bises hivernales dissimulent les constellations.
Par temps calme, c'est le silence ; une plate-forme émerge
de l'onde immobile, où les plongeons s'arrêtent pour prendre le soleil.
Là, d'une yeuse au vert feuillage, le sage Énée fait une borne,
signal dressé pour que les marins sachent d'où revenir
et où tourner en décrivant de longues courbes. (*Énéide*, V, 124-131)

Quand on pense que c'est précisément cette borne qui dans l'hippodrome romain cause les accidents-naufrages !

Va suivre une série de jeux, une course à pied, un combat de pancrace et un concours de tir à l'arc, tous repris au chant XXIII de l'*Iliade*, tous plus ou moins proches du texte homérique. Le terme latin qui les désigne, *ludi*[25], n'a pas son équivalent grec, puisque les *ludi* sont un rituel religieux consistant en offrandes de spectacles aux dieux et non pas de concours athlétiques comme en Grèce. Les athlètes participant à ces *ludi*, bien loin d'y acquérir la gloire, étaient tous des professionnels frappés d'infamie. Le terme latin est inadéquat pour ces « concours virgiliens ». Il dit donc une filiation et rend impossible la réalisation romaine du récit. Si ces *ludi* sont des concours grecs, ils ne peuvent pas être des jeux romains. Ici encore le texte n'a de réalité que verbale et ne produit aucun référent virtuel.

Selon le même processus d'archaïsation que précédemment, Virgile installe les spectateurs troyens dans un espace emprunté à l'amphithéâtre et transformé en espace naturel, pour assister à la course à pied :

> Cette compétition achevée, le pieux Énée se dirige vers une prairie,
> qu'enserraient de tous côtés des collines boisées ;
> le cercle (*circus*) d'un amphithéâtre (*theatri*) occupait le centre du vallon. (*Énéide*, V, 286-288)

Mais en faisant concourir de nobles Troyens, comme dans l'*Iliade* concouraient de nobles Achéens, Virgile marque une rupture absolue entre des *ludi* romains et les concours grecs des Troyens en Italie. Les compagnons d'Énée ne sont pas ici des futurs Romains. Ils incarnent une altérité absolue, ce sont des Grecs qui sans s'avilir descendent dans le stade et peuvent cultiver discrètement une pédérastie élégante comme Pallas et Énée ou Nisus et Euryale, deux comportements grecs qui resteront exclus longtemps à Rome même sous l'Empire.

Ces Troyens sont peut-être les ancêtres des Romains et destinés à s'installer en Italie pour devenir leur *origo*, mais ils sont aussi autres, manifestent par moments une altérité irréductible. Ils sont aussi inconsistants et changeants que l'Italie où ils ont débarqué.

La conclusion des jeux ramène le lecteur en pleine Rome augustéenne, avec le carrousel troyen, *lusus Troiae* (545-603). Il ne s'agit plus d'un concours, mais d'une parade équestre, dans laquelle des enfants, richement parés et armés, défilent sous les regards de leurs parents, se livrant à des manœuvres compliquées et à une bataille simulée. Rien dans Homère ne peut servir de référence à ce jeu troyen. Il s'agit d'une coutume proprement romaine et historique. Nous connaissons l'existence de ce carrousel troyen à l'époque de Sylla, de César et d'Auguste. Ce dernier en fit une institution régulière, à laquelle participaient des enfants de noble origine[26]. Ce qui justifie sa présence ici est ce nom de *lusus Troiae* : force du signifiant qui impose un lien entre Énée et le *lusus* du *circus*[27]. Cette coutume totalement romaine et contemporaine, à la fin du *remake* des jeux funèbres en l'honneur de Patrocle, étire le monde d'Énée jusqu'à la Rome historique.

L'« Archasie » : espace-temps du récit virgilien

Donc Virgile ne raconte pas une course de rameurs possible, même fictivement : il promène son lecteur sur un glacis temporel où les trois temps coexistent et se fondent les uns dans les autres. Ce que nous avons analysé de près pour un seul épisode du chant V se retrouve dans les six derniers chants de l'*Énéide*, où les Troyens sont aussi bien des Romains contemporains, des semblables, que des Grecs absolument autres, mais qui peuvent en outre se confondre avec des Italiens archaïques, comme les Latins. Il en est de la poétique de ces épisodes comme de celle de la langue qui sans cesse s'approche et s'écarte du grec, sans être jamais totalement du grec et sans jamais non plus oublier le grec qu'elle traduit. Les épisodes sans cesse s'approchent et s'écartent des épisodes homériques sans jamais les reproduire totalement et sans jamais non plus qu'ils n'y fassent au moins allusion, comme ils s'approchent et s'écartent sans cesse de la Rome contemporaine d'Auguste. Le temps du texte est aussi instable que les vers de Virgile, glissant d'une référence à l'autre, de la traduction calquée au transfert.

Il n'y a pas une histoire d'Énée en Italie qui se construirait comme une réalité autonome, historique et cohérente, avec son temps propre ; chaque épisode de l'*Énéide* est un relais entre le texte d'Homère et la *uita* romaine de la fin de la République. C'est le lecteur qui opère les constructions et les déconstructions, les glissements d'un temps à l'autre. C'est le lecteur romain contemporain de Virgile qui fait coexister les trois temps dans lesquels circulent les héros, puisque l'un de ces temps est le sien. Cette lecture est comme la procession rituelle de l'*Ara Pacis*, ou le sacrifice à Lavinium : elle relie le présent à des fictions qui en sont l'*origo*.

Revenons aux premiers vers de l'*Énéide* : Énée y est présenté comme fuyant Troie par la mer, avec pour but l'Italie et les « rivages de Lavinium »[28]. Or il ne fondera Lavinium qu'à la fin du poème et donc Lavinium préexiste à sa fondation. La fondation de Lavinium et l'installation des Pénates ne sont pas un événement, mais la *consecratio* d'un lieu par un sacrifice, sacrifice qui sera répété chaque année par la suite. C'est cette répétition qui lui donne son sens. Et le *fatum* qui conduit Énée n'est pas l'expression d'une philosophie de l'histoire mais signifie simplement qu'Énée n'erre pas au hasard, qu'il a une destination comme tous les fondateurs. Cependant, à la différence des fondateurs grecs de colonie, cette destination ne lui a pas été donnée par un oracle, c'est parce que Lavinium et son pèlerinage existent aujourd'hui, au Iᵉʳ siècle av. J.-C., qu'il doit quitter Troie pour créer le rituel.

Énée n'est là que pour réaliser une première fois et s'effacer. Le temps premier de l'*origo* n'est pas fixé, le temps de l'*Énéide* n'est pas l'année zéro d'où partirait une chronologie mais l'acte premier fictif nécessaire à la répétition du rituel. Cette répétition du rituel relie Énée au lecteur romain. Ils sont dans le même temps cyclique qui superpose des présents.

Par ailleurs, Lavinium appartient aussi au présent du poète qui est le présent de l'énonciation du texte quand au premier vers il dit « *cano* ».

> Je chante (*cano*) les exploits guerriers du héros qui le premier (*primus*)
> a fui Troie par la mer avec pour but (*fato*) de venir en Italie et d'aborder
> à Lavinium. (*Énéide*, I, 1-3)

Le poète n'objective pas son récit en le projetant dans un temps qui lui serait propre. Il part d'ici et maintenant, d'une pratique contemporaine et romaine, pour faire de la poésie homérique et aboutir à un rituel contemporain, le pèlerinage à Lavinium.

Entre les deux il n'y a ni continuité ni temps intermédiaire mais un glacis temporel qui annule toute narrativité de l'*Énéide.* Le lien entre le début de l'histoire et la fin ne se fait pas suivant un fil temporel puisque tous les épisodes se déroulent dans tous les temps à la fois ; ce qui se passe dans l'*Énéide*, s'il se passe quelque chose, ne peut avoir lieu que dans cet espace purement textuel créé par la poétique de l'*Énéide*, espace de proximité et de distance entre le grec et le latin, entre l'imaginaire homérique et la Rome d'Auguste. Il ne peut rien s'y passer car tout se raconte dans le présent du poème, c'est-à-dire dans un futur inconnu du héros, son « destin ».

Il s'agit bien d'une poétique de l'*origo*. Aucun récit linéaire ne peut rendre compte du lien qui se construit entre un lieu et un homme et qui crée l'*origo* de Rome. Car Lavinium ne peut pas être l'*origo* de Rome sans Rome. L'*origo* rituelle ne peut être saisie que dans son efficacité présente, dans sa répétition. En même temps, elle présuppose un passé d'avant, avec lequel la rupture chaque fois se consomme et qui s'abolit chaque fois. L'archaïsme sert à créer ce temps intermédiaire du texte, temps purement textuel qui permet la narration mais où le lecteur glisse sans arrêt d'un temps référentiel à l'autre, du temps d'Homère au temps de Rome et d'Auguste.

L'archaïsme virgilien [29] est une fiction textuelle, une poétique permettant une *origo* au présent ; il n'a pas d'autre ancrage temporel que cet entre-deux qu'il doit assumer en glissant d'Homère à Auguste et réciproquement. C'est un espace-temps instable entre Homère et le présent du poète où se déplace Énée, un héros « archaïque » tout aussi inconstant. Inventons un néologisme pour désigner cet espace-temps : l'Archasie.

Chapitre 5

Généalogie, étymologie et *origo*

La poétique de l'*origo* coupe le temps du récit de toute référence chronologique extra-textuelle, ne gardant que le présent commun au poète et au lecteur. Homère est un texte préalable et dénié, présent et absent, mais non un monde révolu, renvoyé dans le passé. Les héros homériques sont leurs généalogies, et par elles ils remontent aux dieux. Anchise est fils d'Aphrodite, Achille fils de Thétis, Ulysse descend d'Hermès et Ajax de Zeus.

La culture généalogique paraît peu compatible avec l'*origo*; l'*origo* est un avenir sans passé et définit un homme par sa descendance, la généalogie définit le héros à partir de son passé par son ascendance.

Que deviennent chez Virgile les généalogies épiques qui sont, comme les vers formulaires, constitutifs de la mémoire de l'aède ?

Quand l'étymologie remplace la filiation[1], *ou l'étymologie comme* origo

Il y a de nombreuses généalogies dans l'*Énéide*; non seulement l'une d'elles relie Auguste à Énée par la *gens Julia* mais l'*Énéide* offre des catalogues de compagnons troyens d'Énée qui sont autant d'ancêtres de l'aristocratie romaine. Mais ces généalogies sont bien particulières : elles sont inversées, ce sont des généalogies descendantes, et elles ne construisent pas des lignages mais des étymologies.

Le récit de la course navale s'ouvre sur un préambule généalogique : reprenant la forme du catalogue épique, Virgile présente les pilotes de navire, ces Troyens plus grecs que romains, comme les ancêtres éponymes de grandes familles romaines, les *Memmii*, les *Sergii* et les *Cluentii*[2].

> Mnesthée, italien bientôt, dont le nom (est) celui de la famille de Memmius
> Dirige la rapide « Pristis » ; (...)
> Sergeste, de qui la maison Sergia tient son nom,
> Pilote un énorme navire, le « Centaure » (...)
> Cloanthe, d'où ta famille tire son origine, ô Romain Cluentius.
> (*Énéide*, V, 116-123)

L'étymologie du nom romain est donnée soit hors de toute temporalité, comme une vérité philologique non historicisée, c'est le cas de Memmius, soit même au présent, dans le temps de Virgile et du lecteur, c'est le cas de Sergius. Ainsi se confondent le temps de Virgile et du lecteur, et plus largement celui de Rome où vivent et où ont vécu ces *gentes*, avec le présent de narration qui sert à raconter la course navale.

La formulation latine utilisée par Virgile est toujours la même : un homme défini par son nom propre grec est traité comme un lieu d'origine, « venant de lui », « à partir de lui » (*a quo, unde*), d'où vient une maison (*domus*), une famille au sens large (*genus*) définie par son nom (*nomen*) romain. Le passage d'une langue à l'autre permet cette mutation. L'onomastique grecque est différente de l'onomastique romaine : les Grecs ont un seul nom, qui leur vient d'un de leurs aïeuls, mais n'ont pas de noms de famille ; quand ils veulent désigner une lignée agnatique, ils choisissent un ancêtre dans la lignée paternelle en lui ajoutant le suffixe « -ide ». Tout le monde connaît les Atrides à Argos ou les Alcméonides à Athènes. À Rome, l'appartenance à une famille se dit par un *nomen* qui se transmet de père en fils et en fille, comme Julius dans la famille de César ou Tullius dans celle de Cicéron. S'y ajoute souvent un surnom (*cognomen*) qui se transmet avec le nom et sert à différencier une branche, *Caesar* ou *Cicero*.

Donc le catalogue des capitaines troyens énumère des *ori-*

gines. Aucune parenté, aucune succession généalogique ne relient ces familles romaines à leurs « ancêtres » troyens, seulement un nom grec d'où vient leur nom romain. Le récit n'est pas celui d'un événement projeté dans le passé ; il est déduit d'une étymologie qui elle-même est hors du temps. Si Mnestheus ou Sergestus participent à cette course de bateaux, c'est parce qu'ils sont les étymologies possibles de Memmius et Sergius. Contrairement à la généalogie qui creuse le temps, l'étymologie court-circuite toute temporalité puisqu'elle est présente dans le mot lui-même.

Les pilotes troyens ont donc des noms grecs : Mnestheus, Sergestos et Cloanthos. Le nom romain est soit un calque phonétique à partir du nom grec, comme Sergestus et Sergius, soit il en est la traduction : Memmius traduirait Mnestheus en rattachant le nom grec au verbe *memnêsthai*, « se souvenir », traduit en latin par *memini*. D'où la formule de Virgile, *Italus Mnestheus* : l'italianisation de Mnestheus est le transfert de son nom, du grec au latin. Nous retrouvons ici ce même rapport labile à la langue grecque que nous avons rencontré dès le début de l'*Énéide* ; le latin accueille le grec sous toutes ses formes mais le transforme toujours.

Virgile reprend une habitude consistant, pour les familles nobles de Rome, à passer commande à des philologues afin qu'ils leur trouvent des ancêtres troyens, ou grecs [3]. Depuis plusieurs siècles, les nobles romains issus de villes italiennes réutilisent pour se trouver des « *origines* » les légendes de fondation de leur cité où le fondateur était indifféremment grec ou troyen, sans que l'on doive attacher à cette variation un sens quelconque [4]. Les Troyens d'Homère ont des noms grecs [5].

Ainsi les *Caecilii* de Préneste font dériver leur *nomen* de *Caeculus* qui est raccroché de façon grecque à Vulcain dont il est le fils ; sa mère est une jeune femme de la future Préneste qu'il fondera. Autre exemple, celui des *Fabii* qui font dériver leur nom du terme *foueae*, qui désigne un piège pour animaux sauvages, qu'Hercule aurait enseigné aux habitants lors de sa visite du site de Rome à l'époque d'Évandre [6]. La famille serait, là aussi, issue d'une relation qu'Hercule aurait eue avec une femme ou une nymphe locale [7]. Tous ces récits font intervenir un dieu ou un héros, qui s'unit avec une femme locale, sur le modèle grec des fondations. Après cet épisode grec, intervient le *nomen* issu du nom du fils du dieu, ce qui arrête la généalogie, selon le modèle de l'*origo* romaine. Le lien avec l'ancêtre n'est plus généalogique mais étymologique. Le texte de Plutarque sur les *Fabii* montre bien comment se met en place ce dispositif d'*origo* :

> On dit qu'une nymphe, ou, selon d'autres, une femme du pays, eut commerce avec Hercule sur les bords du Tibre et lui donna un fils, Fabius, origine de la nombreuse et célèbre famille romaine des Fabius. Quelques auteurs rapportent que les premiers sortis de cette race attiraient le gibier dans des fosses et se firent ainsi donner anciennement le nom de Fodius; car, maintenant encore, fosse se dit en latin « *fossa* », et creuser, « *fodere* »; mais, avec le temps, la seconde et la troisième lettre s'étant altérées, ils prirent l'appellation de Fabius. Cette maison donna beaucoup de grands hommes. En partant de Rullus, qui mérita chez les Romains le surnom de Maximus, on trouve à la quatrième génération Fabius Maximus, dont nous écrivons la vie.

Il s'agit d'abord d'un banal récit grec de pré-fondation, puis ce récit embraye sur une *origo* : le passage d'un héros devient la rencontre d'un héros grec avec la terre italienne où « il fait souche » avant d'en repartir. Surgit un homme au nom bien latin, *Fabius*; ses descendants ne seront pas des Grecs mais une famille romaine indistincte avec quelques grands hommes. Plutarque, au lieu d'énumérer une suite de *Fabii* se succédant dans le temps, ne mentionne qu'une branche se distinguant par le *cognomen* de Maximus grâce à un Fabius[8] qu'il ne situe dans la lignée qu'en reculant.

D'où viennent ces noms troyens, aux consonances grecques, dans l'*Énéide*? D'un peu partout, d'Homère et des innombrables récits de fondation répandus en Italie, que Virgile manipule à loisir. Quelques-uns sont présents chez Homère, comme celui de Politès, un fils de Priam dont le fils, appelé Priam comme son grand-père, participe à la parade équestre des enfants :

> Un des groupes d'enfants est fier d'être conduit par le jeune Priam,
> portant le nom de son aïeul, ton illustre rejeton, Politès,
> destiné à accroître le nombre des Italiens. (*Énéide*, V, 564-566)

Selon Caton et Servius[9], Politès aurait fondé la ville de Politorium dans le Latium ; mais Virgile le fait mourir sous les yeux de son père Priam lors de la prise de Troie[10] et attribue cette fondation à Priam, fils de Politès. En donnant au fils de Politès le nom de son grand-père Priam, il réhellénise la légende en même temps qu'il qualifie la *progenies* (descendance) de Politès d'Italiens (*Italos*). Or Politorium est une ville latine, toute proche de Rome, prise par Ancus Martius, troisième roi de Rome : la ville fut vidée et ses habitants s'installèrent sur l'Aventin[11]. L'histoire de Politorium est emblématique de l'accroissement de Rome par l'intégration de ses ennemis latins, albains, sabins et autres, déplacés et installés sur son sol, en même temps qu'ils reçoivent la citoyenneté romaine. Pourquoi « illustre rejeton » ? Les citoyens de Politorium n'apparaissent dans l'histoire que pour disparaître, absorbés par Rome. Leur célébrité ne peut tenir qu'à celle de leur fondateur, à la mention de Politès, comme fils de Priam, dans l'*Iliade* puis dans l'*Énéide.*

Plus souvent, le nom grec semble avoir été forgé directement à partir du nom latin, soit par Virgile lui-même, soit par les fabricants grecs de généalogie au service des grandes familles romaines. Mais ces généalogistes ne sont que des étymologistes et ne font qu'associer un *nomen* romain à un nom grec, ils ne construisent pas des arbres.

Ces jeux étymologiques suggèrent-ils qu'avec le nom quelque chose s'est transmis venant de l'ancêtre grec, une caractéristique familiale qu'on pourrait qualifier d'identitaire ? Il ne semble pas que ce soit le cas, comme on peut le déduire de l'exemple suivant.

Lors du carrousel des enfants, en usant du même jeu étymologique que précédemment, Virgile introduit Atys, l'ancêtre de la *gens* Atia, une famille plébéienne dont est issu Octave, par sa mère Atia, fille de Marcus Atius Balbus, mari de la sœur de Jules César[12] :

Vient en second Atys, d'où les Latins Atii tirèrent leur race (*genus unde*),
le petit Atys, un garçon aimé du garçon Iule. (*Énéide*, V, 568-569)

Le nom d'Atys, absent des poèmes homériques, est fréquent en Asie Mineure au IVe siècle av. J.-C. dans les inscriptions phrygiennes : c'est le nom du père de Tyrrhenos, ancêtre des Étrusques. Il renvoie aussi, dans l'imaginaire romain, au dieu phrygien, Attis, compagnon et amant de Cybèle, qui s'émascula dans une crise de folie. C'est cet épisode de la légende de Cybèle qui est présenté comme l'explication de la présence dans son culte des Galles, prêtres émasculés qui hurlent et se flagellent lors des processions de la Grande Mère dans les rues de Rome. Ils incarnent pour les Romains cette féminité hystérique des Phrygiens, les plus efféminés et les plus orientaux des Grecs, dont les musiques stridentes et les battements de gongs « brisent les membres ».

Ce serait donner un bien étrange ancêtre à l'austère famille plébéienne des Atii, si une quelconque identité avait suivi la transmission du nom. Il est clair que ce qui compte seulement, c'est le fait étymologique, et rien ne passe avec le nom. Comme rien ne passe aux Romains d'une certaine altérité grecque des Troyens.

Ce que confirme l'amitié grecque liant Ascagne et le petit Atys :

Le petit (*paruus*) Atys, un garçon (*puer*) aimé du garçon Iule.

Même si Virgile s'en tient toujours à une pédérastie *soft*, que ce soit entre Nisus et Euryale, ou Énée et Pallas, ces amitiés masculines sont là pour signifier le langage grec de l'épopée homérique, à jamais marquée par Achille et Patrocle[13] ; une telle relation est l'étymologie du lien entre les *Julii* et les *Atii*, c'est-à-dire Octave succédant à César.

Étymologies varroniennes : origo uerborum

Cette façon de fabriquer de l'*origo* familiale au moyen de l'étymologie est conforme à la façon dont les Romains concevaient l'étymologie des mots. Varron, celui-là même qui a écrit sur les familles troyennes de Rome dans son ouvrage sur la langue latine, appelle l'étymologie — en grec *etymologikè* — *origo uerborum.*

L'étymologie selon Varron consiste à établir les relations qui unissent les mots à partir de leur forme et de leur sens et de mettre ainsi le vocabulaire en réseau. Pour ces étymologies, il fait appel au latin et au grec, indifféremment, et cela dans l'un et l'autre sens. Les deux langues échangent leur vocabulaire, même si le plus souvent c'est plutôt du grec vers le latin. Elles ont un patrimoine lexical commun, et pour les Romains il va de soi que les deux langues communiquent entre elles sans qu'il y ait besoin d'explication. C'est une donnée de l'hellénisme organique.

Par exemple :

> *Ager* (champ, territoire), de *agere* (conduire, mener), désigne une terre où l'on va et d'où l'on revient, avec ce qui est nécessaire à la culture; ou, selon d'autres, du mot grec *agros.* (*La langue latine*, V, 34)

Ou encore :

> Les Grecs disent *nomai*, de *nemo* (paître), d'où est venu notre mot *nemora* (forêts). (*La langue latine*, V, 36)

Le latin peut venir du grec ou inversement (à propos du nom de la borne) :

> Dans certaines parties du Latium on ne dit pas *terminus*, mais *termen*, que l'on trouve dans Accius; et de là les Grecs ont dit *termôn*, peut-être même ce mot est-il d'origine grecque, car Évandre, qui vint s'établir sur le mont Palatin, était arcadien. (*La langue latine*, V, 21)

La référence à Évandre nous renvoie encore une fois à l'Italie anciennement peuplée d'Arcadiens. On retrouve aussi le fameux éolien qui selon Denys d'Halicarnasse aurait été la langue originelle des Romains :

> De là vient peut-être *puteus* (puits), si ce n'est plutôt de ce que les Éoliens disaient *puteos* dérivé de *potos* au lieu de *phréar*. (*La langue latine*, V, 25)

L'origine des mots se raconte comme l'origine des cités grâce à des anecdotes, puisées au grand réservoir des récits grecs de fondation et grâce à des ressemblances de sens et de forme :

> Quant à l'origine du nom de Tibre, l'Étrurie et le Latium se le disputent : selon les Étrusques, Tibre viendrait du nom d'un petit roi de Véies, ville voisine, lequel s'appelait *Thebris* ; selon les Latins, l'ancien nom du Tibre serait *Albula*, nom qu'il aurait perdu pour celui qu'il a aujourd'hui, en mémoire de Tiberinus, roi du Latium, mort dans les eaux de ce fleuve, qui est regardé comme son tombeau. (*La langue latine*, V, 30)

Selon Varron, l'étymologie est une science difficile car la langue s'altère avec le temps et qu'il est impossible d'établir une continuité avec la vérité première du mot, « lors de sa fondation », et la langue contemporaine :

> De sorte que, en perdant une ou plusieurs des lettres qui le composaient, un mot devient méconnaissable, et ne permet plus de retrouver, sous ses ruines, le mot tel qu'il a été fondé (*verbum quod conditum est*). (*La langue latine*, VII, 1)

La métaphore de la fondation confirme que la langue est pensée sur le modèle temporel d'une cité ; elle a des commencements absolus comme un peuple nouveau. Le latin surgit comme Rome. Et Romulus « avant » a peut-être parlé éolien. C'est du moins une hypothèse que rapportent Caton dans ses *Origines* et Varron dans une de ses œuvres perdues[14]. Elle s'appuie sur une étymologie grecque du nom de Quirinus, autre dénomination de Romulus, assimilé à une ancienne divinité romaine. Quirinus est mis en relation avec le grec *Kurios*, signifiant « maître » et par extension « tyran », parce que Romulus aurait tué son frère dans le seul but de conserver le pouvoir.

Finalement, n'importe quel mot latin peut recevoir une étymologie grecque, sans pour autant, comme l'affirme Denys d'Halicarnasse, que le latin soit originellement du grec. Les mots comme les familles romaines peuvent revendiquer une *origo* les rattachant à l'hellénisme organique de Rome. Et cela sans limite puisque celui qui pourrait sembler le plus romain des dieux, Quirinus — Romulus lui-même —, rattaché à la plus romaine des appellations, Quirites, aurait un nom d'origine grecque. L'identité romaine ne peut se réclamer d'aucune institution, d'aucun mot, d'aucun dieu, latin ou romain, qui soit indéboulonnable.

L'identité de Rome ne tient pas à la nature de ses origines mais à cette distance infranchissable qui lie l'*origo* et le temps présent, le latin est et n'est pas du grec, et Rome est et n'est pas à Lavinium. Ce que Varron formule ainsi :

> Cependant, malgré les efforts des grammairiens pour retrouver le dessein de ceux qui ont créé les dénominations, beaucoup d'obscurité subsiste. Si les poètes anciens, qui ont conservé dans leurs odes (*carminibus*) beaucoup de mots anciens, en avaient aussi expliqué la signification, leurs poèmes seraient infiniment plus utiles ; mais, en vers comme en prose, il n'est pas possible de trouver l'*etumon* de tous les mots ; (...) Un des plus savants grammairiens latins, Aelius, a essayé d'interpréter les chants des Saliens ; mais combien cette interprétation est superficielle ! Que de mots anciens dont l'origine lui est restée cachée ! (*La langue latine*, VII, 2)

Entre l'*origo*, toujours potentiellement grecque, et le latin moderne, il y a une langue archaïque et perdue qui interdit toute continuité historique entre l'un et l'autre. Le chant des Saliens est délicieusement incompréhensible, mêlant les sonorités barbares et les mots latins.

> COZEULODOIZESO ; OMNIA VERO ADPATULA COEMISSE IANEUS IAM ES, DUO MISCERUSES DUN IANUS VET POS MELIOS EUM RECUM

Nous retrouvons cette romanité archaïque qui n'a pas d'autre ancrage temporel que cet entre-deux qu'elle doit assumer et dont on a vu comment il se fabriquait chez Virgile. La fabrication du faux archaïque est à Rome un art national.

La recherche de l'*origo* rendue nécessaire par la nuit archaïque tient à l'absence de mémoire généalogique, c'est-à-dire historique, à Rome, qui s'en tient à la *memoria* :

> Cela n'a rien d'étonnant, puisque non seulement Épiménide, après avoir dormi pendant cinquante ans, ne fut reconnu, à son réveil, que par un petit nombre de personnes, mais encore Teucer (dans la tragédie de Livius) ne fut reconnu, après quinze ans, par aucun des siens. Or, qu'est-ce qu'un espace de quinze ans et même de cinquante ans, comparé à l'âge des mots poétiques? En admettant même que les chants des Saliens ne remontent pas au-delà du règne de Numa, nous ne comptons pas moins de sept cents ans. Comment oseriez-vous reprocher à un écrivain de ne pas connaître le quadrisaïeul ou le père du quadrisaïeul d'un homme célèbre, puisque vous-même vous ne sauriez nommer la mère de votre aïeul ou du père de votre quadrisaïeul? Or cette époque, où ne peut atteindre votre mémoire, touche à peine à la moitié du temps qui nous sépare de l'époque où furent composés les chants Saliens et les premiers essais de la poésie romaine. (*La langue latine*, VII, 3)

Il y a une coupure entre l'*origo*, les premiers temps, et maintenant. Ce qui revient à dire que les Romains placent systématiquement les premiers temps dans le temps de l'oubli, dans l'au-delà de la *memoria.* Ils n'ont pas besoin de longues généalogies.

En effet, la parenté à Rome n'est utile que dans le droit successoral. La référence à un ancêtre fondateur n'appartient pas aux modes de glorification de l'aristocratie romaine et ne semble être intervenue que comme un langage au sein de l'hellénisme. Ce qui fait la gloire, c'est le nom, *nomen*, qui signifie en latin nom et renom, ou, potentiellement, le *cognomen*, et qui se transmet par l'appartenance à la famille comme collectivité et non comme lignée.

Les noms des personnages de l'*Énéide* sont l'étymologie de l'onomastique romaine et italienne, des hommes et des lieux.

*Généalogies grecques et origines romaines dans l'*Énéide[15]

Si Virgile reprend une figure de la poésie homérique, celle du catalogue, ses généalogies sont radicalement différentes des généalogies grecques.

Dans le monde grec, les généalogies sont potentiellement infinies et continues, reliant les hommes aux dieux et les hommes entre eux. Le temps commun est un tissu généalogique où chacun se place et se repère en fonction de ses ancêtres mythiques et héroïques. En l'absence de structures politiques communes aux cités, les généalogies autorisent un langage de proximité et interviennent, comme on l'a vu précédemment, dans les relations internationales, les alliances de cité à cité, car tout autre lien menacerait leur liberté, en particulier entre une colonie et la cité dont elle est issue[16]. Les Romains n'ont jamais eu ce genre de rapport avec leurs colonies, qui sont des extensions de Rome et non des villes indépendantes.

Dans Homère, la généalogie énoncée par un héros a une fonction pragmatique qui ne se retrouvera pas dans l'*Énéide*. Ainsi Énée dans l'*Iliade* face à Achille déroule sa généalogie afin de l'impressionner et de répondre au défi que lui a lancé le héros achéen :

> « Fils de Pélée, ne va pas, par des paroles, comme si j'étais un enfant, espérer me faire peur. Je sais bien, moi aussi, prononcer des mots blessants et des insultes. Nous connaissons la race l'un de l'autre, nous connaissons nos parents, pour avoir écouté les histoires célèbres des mortels (...)
> Érichthonios, lui, fut père de Trôs, le roi des Troyens ;
> et de Trôs naquirent trois fils sans reproche, Ilos, Assaracos,
> Ganymède, pareil aux dieux, le plus beau des hommes mortels,

que, justement, pour sa beauté, les dieux enlevèrent à la terre,
afin qu'il servît d'échanson à Zeus et qu'il vécût avec les Immortels.
Ilos, à son tour, eut pour fils Laomédon sans reproche ;
et Laomédon engendra Tithon, Priam, Lampos, Clytios et Hicétaon, rejeton d'Arès.
Assaracos, lui, eut pour fils Capys, et Capys Anchise.
Anchise m'a donné le jour, tandis que Priam l'a donné au divin Hector.
Voilà la race, le sang dont je me flatte d'être issu. » (*Iliade*, XX, 200-241)

Il en est tout autrement chez Virgile. Non seulement aucun héros ne déroule son ascendance mais « toute tentative pour établir un schéma généalogique représentant la lignée d'Énée à partir des informations données par l'*Énéide* serait vaine : les lacunes et les contradictions du texte rendent ce schéma impossible »[17]. On ne trouve que quelques mentions éparses et incohérentes dont nous verrons le sens.

En revanche, Virgile multiplie ces généalogies descendantes qui relient les héros de l'*Énéide* aux grandes familles de Rome. Il ne s'agit que de l'origine d'un *nomen* et non d'une lignée. Ces généalogies n'en sont pas : elles sont, comme on l'a vu, des étymologies, *origines*, même si dans le cas d'Énée Virgile semble donner le change et établir une continuité lignagère depuis son fils Iule jusqu'à Auguste. C'est une illusion.

Descendu aux Enfers, Énée va voir défiler sous ses yeux ceux qui lui sont présentés par son père Anchise en ces termes :

« Et maintenant, la gloire qui dans le futur s'attachera aux enfants (*prolem*) de Dardanus,
tes descendants (*nepotes*) issus de ta famille italienne (*Itala de gente*) qui attendent de renaître,
âmes illustres qui sont destinées à propager notre nom (*nomen*),
je vais te les présenter et te révéler tes destins. » (*Énéide*, VI, 756-759)

La formulation est alambiquée et ménage un flou intéressant. Énée et sa famille sont appelés collectivement « enfants de Dardanus ». Dardanos, père d'Érichthonios dans la mythologie grecque, est le lointain ancêtre d'Énée. Voilà pour la partie grecque et ascendante de la généalogie d'Énée; symétriquement, *nepotes* (petits-fils) est un mot latin fréquent pour dire globalement les descendants, ici ceux d'Énée, ceux qui feront la gloire d'Énée et de son père. Les descendants d'Énée sont du côté de l'étymologie et de la romanité, ils forment un *nomen.* Que signifie « *Itala de gente* »? L'expression fait de ces descendants les membres d'une *gens Itala. Gens* veut aussi bien dire famille que peuple et le mot a chez Virgile des emplois très vagues. Aussi vague que l'adjectif *italus* qui ne renvoie ni à une langue ni à un peuple mais plus ou moins à un territoire à l'extension variable. L'Italie est en fait là où va s'arrêter Énée, c'est une formulation possible de l'*origo.* La *gens Itala* devient ainsi la famille italienne d'Énée quand il s'arrête à Lavinium, « *nostrum nomen* ».

Ces *nepotes*, cette *gens Itala*, attendent au bord du Léthé, le fleuve de l'oubli, afin de sortir à la lumière en une longue colonne. Il ne s'agit pas d'une généalogie à la façon grecque mais d'une succession dans le temps de personnages historiques sans liens de filiation et même de parenté entre eux. « Anchise présente à Énée ses descendants au sens propre jusqu'à Romulus, puis les grands hommes de l'histoire de Rome, qui n'ont aucun lien généalogique avec lui, mais en commençant par Auguste et la descendance d'Iule. Tout est fait pour donner au lecteur l'impression que ces héros font partie de la même lignée[18]. » S'agit-il vraiment d'une succession historique qui donnerait l'image d'une lignée?

Certes, les plus anciens dans l'histoire mythique de Rome, les héros des mythographes grecs, sont les premiers à venir sur terre. En tête il y a donc le futur fils d'Énée et de sa future épouse italienne, Lavinia : son fils métissé — *Italo commixtus sanguine* — italo-troyen, et sa descendance posthume du nom latin de Silvius.

Ce Silvius va fonder la dynastie des rois albains — Virgile adopte la chronologie longue — qui le suivent dans le cortège. Puis l'ordre dynastique cède la place à une autre logique, non chronologique. Avec les rois d'Albe se trouvent les divers fondateurs de villes du Latium, indifféremment étrusques, latines, volsques ou sabines. Ils serviront d'*origo* aux futurs citoyens romains. Les villes fondées appartiennent à ces temps archaïques à jamais disparus.

> Voici ceux qui construiront Nomentum et Gabies et la ville de Fidènes ;
> ceux-là établiront sur les collines la citadelle de Collatie,
> et Pométie et Castrum Inui, ainsi que Bola et Cora ;
> ce seront alors des noms, ce sont aujourd'hui des terres sans nom. (*Énéide*, VI, 773-776)

Après cette interruption arrive Romulus. Alors Anchise cesse de suivre le cours du temps et passe directement à César et César Auguste, qui devait être à la fin de la colonne. Virgile suit la logique de l'*origo* et de l'étymologie, sans suivre la chronologie.

> Maintenant, tourne les yeux de ce côté, vois ce peuple (*gens*),
> et tes Romains. Voici César, et toute la descendance (*progenies*) de Iule,
> qui un jour apparaîtra sous l'immense voûte céleste.
> Oui, c'est lui, voici le héros, dont si souvent on te répète qu'il t'est promis ;
> César Auguste fils du divin César (*Énéide*, VI, 788-792)

On aurait envie de dire qu'Auguste est à la fin de l'histoire, sauf qu'il n'y a pas d'histoire. Le règne d'Auguste n'est pas l'aboutissement d'un processus historique commencé avec Énée. Au contraire, c'est Octave, petit-neveu, fils adoptif et héritier testamentaire en 45 av. J.-C. qui, en 42, fait diviniser officiellement César après son assassinat en 44 et lui édifie un temple sur le forum. Cette divinisation se traduit dans son nom par un nouveau prénom, *diuus*, qui sera transmis à ses héritiers avec son *nomen* et son *cognomen*. Ce qui vaut bien toutes les ascendances divines à la grecque. Ce n'est pas Aphrodite qui illustre la *gens Julia*, mais César et Auguste. La cause de l'*origo*, ce sont les règnes de César et d'Auguste, le *nomen* des *Julii*, qui est leur nom et leur renom.

Anchise passe d'un homme à l'autre, par un simple « ici, voici », sans respecter la chronologie. Vient ensuite la série des rois de Rome puis celle des grands hommes de la République, avec sans cesse des ruptures temporelles, par exemple les guerres entre Pompée et César sont curieusement insérées entre Camille vainqueur des Gaulois en 395 av J.-C. et Memmius qui détruisit Corinthe en 146 av. J.-C. Le défilé se termine par la figure de Marcellus l'ancien, général de la deuxième guerre punique qui vainquit les Gaulois à Clastidium, en 222 av. J.-C., associée à celle de Marcellus le jeune, fils d'Octavie, neveu et gendre d'Auguste qui voulait faire de lui son successeur. Il venait de mourir, en 23 av. J.-C., à l'âge de dix-neuf ans. La logique est celle du *nomen* des *Marcelli* et de l'actualité de ce *nomen*.

Cette « Revue des héros aux Enfers » a incité de nombreux commentateurs à rapprocher ce défilé des héros romains de la pratique de la *pompa funebris* romaine. Virgile reproduirait-il le cortège de la *gens Julia* lors des funérailles récentes d'un de ses membres, Marcellus le jeune ? Auguste, en effet, adoptera les ancêtres collectifs du peuple romain comme les siens propres lors des funérailles de son gendre Agrippa [19].

Indépendamment de cette possible référence historique, l'idéologie présidant à l'invention de cette Revue des grands hommes de Rome est bien celle des *pompae funebres*. À côté des images de leurs ancêtres qui s'étaient illustrés dans les magistratures publiques, comme les généraux, les consuls, les censeurs, les Romains faisaient figurer celles de héros étymologiques archaïques, que leur nom seul reliait à la *gens*. Cicéron pour plaisanter disait qu'il aurait pu s'approprier l'image du roi Tullus Hostilius grâce à son *nomen* Tullius. Ces ensembles d'images ne trouvaient de cohérence que par rapport au présent des familles.

La présence des héros républicains dans ce défilé renvoie aux statues du forum d'Auguste et aux images de son propre atrium [20]. Y figurent les grands hommes au même titre que sa parenté. Nous retrouvons avec ce *longus ordo* (cette longue colonne) l'indifférence romaine et virgilienne pour les généalogies au profit du *nomen*. Ni logique ni vraiment chronologique, l'énumération de l'avenir annonce des Romains désignés à Énée par son père comme « tiens » (*Romanosque tuos*), qui donc ne commencent qu'avec lui. Ils n'ont pas d'ascendance troyenne.

Revenons sur la poétique de ce passage. Nous retrouvons un procédé d'écriture comparable à celui utilisé pour la course de navires. Le catalogue des héros n'est pas ici le transfert d'une généalogie grecque inversée, sa traduction dans la culture romaine par une *pompa funebris*. Car même si le modèle est sans doute celui d'une *pompa funebris*, il est retourné par Virgile : normalement, un mort, dont le corps est placé sur les rostres, assiste au défilé de ses ancêtres morts, qui lui sont présentés par un vivant, qui prononce la *laudatio funebris*. Au chant VI de l'*Énéide*, c'est un vivant à qui un mort présente des morts destinés à devenir des vivants. Le temps où se passe cette monstration est le temps de l'avant, un temps hors du temps qui articule le passé aboli et le futur non encore advenu. Le temps des origines. En outre, le temps de la procession est déconstruit par sa description sélective. Entre les généalogies grecques et les *imagines* romaines, le texte de l'*Énéide* intercale une fiction aussi fluctuante que la course de navires, aussi achronique que l'archaïsme. Le Léthé, le fleuve de l'oubli, où vont boire les héros d'autrefois pour devenir les héros de demain, figure cette nuit qui sépare l'*origo* de ceux qui en sont issus. Tout recommence sans que rien ne passe d'un cycle à l'autre.

Pourtant, il y a une vraie généalogie ascendante dans l'*Énéide*. Quoi d'étonnant ? Il y a toujours un passage pour en contredire un autre, un mot plus grec pour un mot plus latin. Cette généalogie de type grec, paradoxalement, concerne le roi Latinus qui se voit affublé d'une généalogie archaïque purement italienne :

Le roi Latinus, bien vieux déjà, régnait
sur des villes et des campagnes depuis longtemps pacifiées et sereines.
Il était né, nous dit-on, de Faunus et de la nymphe laurente Marica.
Le père de Faunus était Picus, qui t'appelle père,
toi, Saturne, le tout premier auteur de cette famille.
Par la volonté des dieux, Latinus n'eut pas de fils, nulle descendance mâle ;
un premier enfant lui fut arraché à la naissance.
Seule une fille sauvait cette maison et un trône si puissant,

Lavinia, mûre déjà pour un époux, nubile déjà, en pleine fleur.
(*Énéide*, VII, 45-53)

Ici, donc, pas d'*origo*, pas de commencement arbitraire barrant le passé, mais un ancêtre divin pour arrêter la remontée du temps, c'est bien une généalogie grecque.

Esthétiquement, ce passage dessine la frontière grecque de l'Archasie et nous verrons quel rôle cette généalogie de Latinus joue dans l'invention des Latins par Virgile[21].

Chapitre 6

Comment Énée dans l'*Énéide* réussit à ne pas être un fondateur

Si l'*Énéide* est vraiment un poème de l'*origo*, comment comprendre qu'elle ne commence pas, comme les *Origines* de Caton, à l'arrivée d'Énée en Italie ? À quoi servent les six premiers livres ? Car Énée, comme *origo* du peuple romain, ne va rien transmettre de son passé troyen ni de son ascendance. Pourquoi ses errances dans la Méditerranée grecque ?

Énée quitte Homère

La tradition des mythographes avait fait d'Énée un héros homérique et un fondateur grec, comme Ulysse ; et il allait être difficile pour Virgile de l'arracher à cette définition.

Il a glorieusement combattu dans l'*Iliade* : son duel avec Achille dure cent cinquante vers, c'est un de ces combats singuliers qui illustrent un héros en le sortant de la mêlée, que les Grecs appellent *aristeia*.

> Deux hommes, de beaucoup les meilleurs, entre les deux armées
> s'avancèrent ensemble, désireux de se battre,
> Énée fils d'Anchise et le divin Achille. Énée, le premier,
> menaçant, avait marché, inclinant son casque pesant ;
> son bouclier impétueux devant la poitrine, il brandissait
> sa pique de bronze. Le fils de Pélée, d'autre part, se leva
> en face de lui, comme un lion dévastateur que veulent
> tuer des hommes réunis, tout un pays. (*Iliade*, XX, 158-166)

Il aurait dû mourir alors, ou lors de la prise de Troie, mais sa survie a été programmée par quelques vers de l'*Iliade* :

> Le destin veut qu'il soit sauvé, afin que ne périsse pas,
> stérile, anéantie, la race de ce Dardanos que le Cronide a plus aimé
> qu'aucun des autres enfants qui sont nés de lui et d'une mortelle.
> Déjà le fils de Cronos a pris en haine la race de Priam.
> C'est le puissant Énée qui désormais régnera sur les Troyens
> et, avec lui, tous les fils de son fils, qui naîtront dans l'avenir.
> (*Iliade*, XX, 302-308)

Comment a-t-il survécu ? Les versions divergent sur la façon dont il a échappé au massacre général. Selon Lèches, dans la *Petite Iliade*[1], Énée, fait prisonnier par les Grecs, aurait été donné comme esclave à Pyrrhus, le fils d'Achille, et emmené en Épire où il devint le compagnon d'esclavage d'Andromaque, la veuve d'Hector. Pour certains mythographes, complice d'Ulysse, il aurait, avec Anténor, livré Troie aux Grecs en échange de son salut, et serait donc un traître à sa patrie. Pour d'autres au contraire, c'est son extraordinaire piété et son courage qui auraient forcé le respect des vainqueurs[2] : il se défendit jusqu'au bout avec quelques autres Troyens, mais ils finirent par capituler en obtenant la liberté pour prix de leur courage. Les Grecs lui permirent, de même qu'à ses compagnons, de prendre ce qu'ils pourraient porter de leurs biens : les autres se chargèrent d'or et d'effets précieux, Énée prit son vieux père sur ses épaules, et ses dieux dans sa main. Ce qui lui valut le surnom de « pieux Énée ».

Il a servi grâce à ces quelques vers de l'*Iliade* de héros fondateur à toute une série de cités au cours d'errances en Méditerranée. On le retrouve en Macédoine, où une ville d'Aineia le reconnaissait pour son fondateur éponyme ; en Laconie, donc en Grèce continentale, il fonde également deux villes, pendant qu'Anchise va mourir en Arcadie, où, du temps de Pausanias, on montrait encore son tombeau au pied du mont Anchisius. L'une de ces villes fondées par Énée s'appelait Aphrodisias, du nom de sa mère ; l'autre Étis, du nom d'une fille d'Énée que mentionne Pausanias. On le suit sur la côte orientale de l'Adriatique, puis en Sicile où son passage est attesté par des légendes et des usages locaux, particulièrement par des sanctuaires et des cérémonies en l'honneur de sa mère Aphrodite, par des temples qui lui sont consacrés, par son tombeau qu'on montrait en maints endroits. Et puis évidemment en Italie, où des récits de fondation sont attachés à son nom dès le VIe siècle, comme celle de Lavinium.

Pour l'arracher à son personnage de héros homérique fondateur, Virgile procède là aussi par une forme de dénégation. Au cours de son *Odyssée*, c'est-à-dire des six premiers chants de l'*Énéide*, Énée rencontre plusieurs fois les poèmes homériques comme une mémoire à laquelle il a appartenu et dont il se détache un peu plus à chaque étape — semblable à un personnage de fiction qui sortirait de l'écran de la télévision pour se mêler aux spectateurs, tout en continuant à voir avec eux son image dans de vieux épisodes, rediffusés en boucle. Il va même assister à de nouveaux épisodes, des suites d'où il est absent et qui sont autant de citations des mythographes qui lui donnaient un autre destin. Il passe chez Pyrrhus, où il rencontre Andromaque, fait escale en Crète et en Thrace. Mais chaque fois il découvre qu'il n'est pas à sa place, qu'il n'a pas à fonder une nouvelle Troie. Son destin ne se trouvait pas dans les vers de l'*Iliade*. Énée ne régnera pas sur les Troyens, il n'y aura plus de Troie ni de Troyens.

Énée à Carthage : le banquet de Didon

C'est pourquoi l'*Énéide* n'est pas le récit chronologique des aventures d'Énée depuis Troie jusqu'aux rives du Tibre : le poème commence avec l'arrivée d'Énée à Carthage et tout ce qui précède sera raconté par lui au cours du banquet d'hospitalité qui lui est offert par la reine Didon. Avant, Énée est encore un héros homérique prisonnier du vieux texte et de ses personnages auxquels il ne cesse de se heurter. Puis, après un passage par la Sicile, où il se débarrasse des femmes, il va rejoindre l'Italie et rencontrer des hommes nouveaux. Troie a définitivement disparu de sa vie, elle n'est plus qu'une image. Cette technique du récit dans le récit, où le héros raconte lui-même une partie de ses aventures, est reprise de l'*Odyssée*. Au cours d'un banquet chez les Phéaciens, Ulysse raconte ses voyages chez les monstres, les Cyclopes, les Sirènes, Circé, Calypso, et comment, grâce à son extraordinaire intelligence rusée (*mètis*), il leur a échappé. Le monde des récits d'Ulysse était un autre monde d'où aucun homme ordinaire ne pouvait revenir. Il en est de même de celui des récits d'Énée, aucun autre héros homérique ne passera dans la mer tyrrhénienne et n'abordera dans ce nouveau monde.

En débarquant à Carthage où l'a entraîné la tempête, Énée découvre le temple que Didon élève à Junon et y reconnaît les différents épisodes de la guerre de Troie qui le décorent, se succédant comme dans une bande dessinée :

> il voit se dérouler dans leur suite les batailles de Troie et les guerres,
> dont le renom déjà s'est répandu à travers le monde entier,
> les Atrides et Priam, et Achille qui pour eux se révéla si cruel.
> Énée s'arrête et, tout en pleurs, dit : « Achate, quel lieu désormais,
> quel endroit de la terre n'est plein de notre malheur ?
> Voici Priam ! Même ici, les mérites recueillent des louanges ;
> les maux humains engendrent les pleurs et touchent les cœurs.
> Renonce à la peur ! Notre renom nous vaudra une sorte de salut. »
> En parlant ainsi, il se repaît l'esprit de ces vaines images,
> poussant force gémissements, le visage tout inondé de larmes.
> (*Énéide*, I, 456-465)

Suit une *Iliade* en modèle réduit, un sommaire de la grande *Iliade*. Cette *Iliade* réduite est la description d'un monument figuré fictif (*ekphrasis*) et remplace la grande *Iliade*. L'épopée virgilienne n'est pas la suite de l'*Iliade*. La nouvelle épopée, l'*Énéide*, est la « réalité », par rapport à l'ancienne, l'*Iliade*, qui n'est plus que des images. Les deux épopées ne sont pas dans le même espace esthétique et ne se succèdent pas dans une même temporalité. L'*Énéide* englobe une *Iliade* en réduction. Si l'on représente l'enchaînement narratif par un axe horizontal, l'*Énéide* et l'*Iliade* sont ici sur un axe vertical, perpendiculaire, dans un temps arrêté.

Le monde entier civilisé connaît les épopées homériques et leurs héros. Mais c'est une histoire morte, un passé révolu. Homère est fixé dans de vaines images (*pictura inanis*), l'*Iliade* réduite à une *ekphrasis*, à la description d'images fixes. La guerre de Troie a changé de statut, elle n'est plus la mémoire vivante de l'aède, elle est la mémoire morte du monde civilisé. Comme le dira Didon aux Troyens qu'elle accueille :

> Qui pourrait ignorer le peuple des Énéades, la ville de Troie,
> la valeur de ses héros ou les embrasements d'une si grande guerre ?
> Nous, Phéniciens, nous n'avons pas le cœur si grossier. (*Énéide*, I, 565-567)

Énée fond en larmes devant cette *Iliade* en bande dessinée comme Ulysse en écoutant l'aède Démodocos raconter l'épisode du Cheval de Troie. Tous deux sont dans l'histoire et en sont spectateur ou auditeur. Mais Ulysse se heurtait à la mémoire vivante de l'aède inspiré, renouvelée à chaque performance; dedans ou dehors, il restait le même, chantant ou chanté, il était vivant. Énée se heurte à un *monumentum* de pierre qui ne peut que répéter indéfiniment la même histoire, l'histoire des morts. Les vers chantés par Démodocos étaient semblables aux vers qui le chantaient. Ici la rupture est consommée entre Énée et la guerre de Troie. S'il pleure en voyant ces images comme Ulysse pleurait en écoutant l'aède, c'est d'une tout autre manière. Ses larmes sont des gémissements de deuil, il pleure la défaite, la perte de lui-même, l'anéantissement de Troie, la disparition d'un monde, qui est aussi le monde d'Homère. Ulysse pleurait d'être Ulysse, Énée pleure de ne plus être Énée. De n'être plus qu'une légende, une rumeur (*fama*), une silhouette sculptée dans la pierre.

Le récit qu'Énée va faire de ses voyages depuis Troie jusqu'à Carthage est donc pour lui une façon de prendre congé avec sa légende passée : durant ces voyages il va chercher et trouver la sortie du labyrinthe grec. La même rupture avec l'*Iliade* que consommaient les images sur le temple de Junon se réalise au cours d'un récit semblable à celui d'Ulysse chez les Phéaciens. Énée lui aussi revient de Nulle Part.

Le contexte dans lequel Énée va raconter ses voyages offre une esthétique aussi kitsch que la course de navires, c'est un non-lieu ; s'y mêlent les références odysséennes, l'archaïsme et l'anachronisme volontaire. Le cadre matériel est un banquet somptueux dans un palais digne d'une reine hellénistique.

> Après la première pause du repas, une fois les tables desservies,
> on installe d'énormes cratères, qu'on couronne de guirlandes.
> Le bruit emplit le palais, les voix résonnent dans les vastes salles ;
> aux plafonds dorés pendent des lampes allumées,
> et des torches enflammées triomphent de la nuit.
> Alors la reine réclame une coupe, lourde d'or et de gemmes,
> familière à Bélus et à tous ses descendants, et l'emplit de vin.
> (*Énéide*, I, 723-729)

Ces fastes contrastent avec la silhouette de l'aède archaïque, Iopas, disciple échevelé des dieux qui surgit des brumes d'un passé pré-homérique, arcadien, pour chanter un traité d'astronomie moderne ; Iopas, un chanteur d'Archasie :

> Iopas à la longue chevelure,
> qui fut l'élève du grand Atlas, fait sonner sa cithare dorée.
> (*Énéide*, I, 740-741)

Il est là parce qu'il n'y a pas de banquet épique sans aède. Mais Iopas n'est pas Démodocos, même si sa place dans l'épisode rappelle celle de Démodocos (au chant VIII de l'*Odyssée*) et son chant qui précédait les récits d'Ulysse. Le chant de Iopas est bien différent.

> Il chante les errances de la lune et les éclipses du soleil,
> l'origine des hommes et des bêtes, les causes de la pluie et des éclairs ;
> il chante l'Arcture et les Hyades pluvieuses et la constellation des deux Ourses,
> il explique la hâte des soleils d'hiver à plonger dans l'Océan,
> ou quel obstacle retarde la tombée des lentes nuits d'été.
> Les Tyriens applaudissent à l'envi, imités par les Troyens. (*Énéide*, I, 742-747)

C'est un poème didactique, purement ornemental, une cosmologie dans le style alexandrin, comme les *Phénomènes* d'Aratos[3]. Il obtient des applaudissements (*plausu*) comme au théâtre. Cette prestation philosophique, moderne, est projetée dans les temps mythiques et c'est Atlas[4] lui-même, des générations divines avant celle de la guerre de Troie, qui a enseigné à Iopas son savoir sur le cosmos. Iopas est ainsi construit à partir de la modernité comme aède archaïque, selon le même procédé récurrent dans toute l'*Énéide*. Il réunit trois temps, celui d'Auguste, celui d'Homère et le temps des migrations pré-homériques.

Repris de ceux qu'Ulysse raconte chez les Phéaciens, les voyages d'Énée en Méditerranée orientale en utilisent le statut énonciatif : comme Ulysse, Énée seul peut raconter ses voyages en Orient. C'est une *Odyssée* englobée dans l'*Énéide* comme l'*Iliade* du temple de Junon, un récit qui installe ses protagonistes non pas dans l'histoire et le passé du héros mais dans l'éternité présente de la mémoire épique.

> Reine, tu me demandes de rappeler (*renouare*) une douleur indicible,
> de raconter comment les Grecs ont détruit
> la puissance troyenne et notre malheureux royaume,
> de raconter ce que j'ai vu moi-même
> et à quoi j'ai pris une grande part. Qui en faisant un tel récit,
> qui des Myrmidons et des Dolopes,
> quel soldat de l'implacable Ulysse
> pourrait retenir ses larmes ? En outre, déjà la nuit humide
> quitte le ciel, et les étoiles qui se couchent nous invitent au repos.
> Mais si ton désir est si grand de connaître nos malheurs
> et d'entendre un bref récit de l'ultime épreuve de Troie,
> bien que mon âme ait en horreur ces souvenirs et répugne au deuil,
> je vais commencer. (*Énéide*, II, 3-13)

Après la guerre de Troie, rien ne différencie plus les ennemis des amis, les Troyens des Grecs, ils sont tous réunis, comme destinataires des poèmes homériques ou de leur suite. Ils pleurent tous la chute de Troie.

Énée parcourt tous les lieux où il n'aura pas édifié une nouvelle Troie

Première façon de sortir d'Homère : Énée quitte Troie avant la fin de l'histoire, non pas comme un traître ou un lâche; s'il part en plein combat, c'est sur l'ordre de sa mère Vénus et de Jupiter. Première séparation d'avec sa vie troyenne, Creüse, son épouse, disparaît comme une image insaisissable. Énée devra donc trouver une nouvelle épouse là où il s'arrêtera; il se mariera, lui dit-elle, au bord du Tibre « lydien ». C'est une ombre qui lui parle une dernière fois[5]. Elle est devenue une image comme toute la guerre de Troie sur les murs du temple de Junon.

Énée s'embarque avec ses compagnons, ils cherchent un lieu pour fonder une nouvelle Troie, dans le monde qui est le leur, la Grèce. Ils y ont des liens de famille ou d'hospitalité. Énée se comporte en Grec qui veut restaurer Troie en fondant une colonie sans quitter le monde homérique. Il va dans ce but en Thrace, à Délos, puis en Crète.

En Thrace, Énée se conduit en fondateur classique :

> Au large s'étend la terre de Mars, aux vastes plaines
> cultivées par les Thraces, royaume jadis du méchant Lycurgue,
> lié à Troie par d'anciens liens d'hospitalité et par l'association de nos Pénates[6],
> tant que dura notre fortune. Je m'y laisse porter. Je pénètre dans la baie
> — mais ce n'était pas mon destin — je pose mes premiers remparts,
> et j'imagine appeler ses habitants Énéades, d'après mon propre nom. (*Énéide*, III, 13-18)

Mais ce lieu est souillé par la guerre de Troie et quand il veut couper des branches, la sève qui coule de l'arbre est le sang d'un prince troyen assassiné. Le fantôme de Polydore fils de Priam, tué par celui qui devait le protéger, l'expulse, c'est une terre maudite. Première escale, première erreur, nouveau départ.

Il se rend ensuite à Délos où règne un ami de son père

Anchise. Rendu prudent, il consulte l'oracle d'Apollon, mais son (mauvais) projet reste le même : reconstruire Troie, édifier la nouvelle Pergame.

> Dieu de Thymbra, accorde-nous une demeure à nous ; à des hommes fatigués,
> donne des murs et une descendance et une ville faite pour durer ; sauve de Troie
> la seconde Pergame, ces restes échappés aux Danaens et au cruel Achille.
> Qui est notre guide ? Où nous ordonnes-tu d'aller ? Où nous installer ?
> Dieu vénérable, envoie-nous un signe et pénètre en nos cœurs. (*Énéide*, III, 85-89)

Une réponse énigmatique lui est donnée :

> Rudes Dardanides, la terre même qui la première vous porta,
> dès l'origine de vos pères, vous accueillera aussi à votre retour
> en son sein fécond. Partez à la recherche de votre antique mère.
> Alors, la maison d'Énée régnera sur tous les rivages,
> et les enfants de ses enfants, et ceux qui naîtront d'eux ! (*Énéide*, III, 94-98)

Ici s'ouvre une autre mémoire, une mémoire antérieure aux poèmes homériques et à la guerre de Troie : la mémoire « arcadienne ».

> Alors mon père, repassant en esprit les souvenirs des anciens, dit :
> « Chefs, écoutez, et apprenez les espoirs qui s'offrent à vous.
> La Crète, l'île du grand Jupiter, s'étend au milieu des flots ;
> on y trouve le Mont Ida et le berceau de notre famille.
> Des gens y habitent cent villes immenses, royaume très prospère,
> d'où partit, si mes souvenirs sont exacts, notre plus lointain ancêtre,
> Teucer, qui aborda d'abord aux rivages de Rhétée,
> qu'il choisit comme siège de son royaume. Ilion n'existait pas encore,
> ni la forteresse de Pergame ; les habitants occupaient le fond des vallées.

> De Crète proviennent la Mère du Cybèle, les bronzes des Corybantes,
> et le bois de l'Ida ; de là aussi le silence imposé aux mystères,
> et les lions attelés, tirant le char de leur souveraine.
> En avant donc, et suivons la voie où mènent les ordres des dieux ! » (*Énéide*, III, 102-114)

Cette nouvelle mémoire permet de refermer définitivement l'épisode troyen, l'histoire de Troie et sa chute, comme une parenthèse. Énée va revenir dans un monde où Troie n'existait pas encore. Énée et ses compagnons, descendants de Crétois, ne sont plus des Troyens mais des Grecs comme les autres. Les voyages d'Énée le font remonter dans le temps.

Troisième escale, troisième erreur. Énée débarque en Crète et y construit une ville au nom bien troyen : Pergamée. Elle va disparaître avant même d'exister.

> Alors, je me lance dans la construction des murs de cette ville dont j'ai rêvé passionnément ;
> je la nomme Pergamée, à la joie du peuple, que j'exhorte
> à aimer leurs foyers, et à élever une citadelle avec des maisons.
> Déjà nos navires étaient tirés au sec sur le rivage ;
> les jeunes se mariaient et défrichaient les champs ;
> je donnais des lois et fixais les résidences, lorsque subitement survint,
> dans le ciel infecté, une peste qui rongeait les corps,
> fatale aux arbres et aux semailles, une saison porteuse de mort. (*Énéide*, III, 132-139)

Cette peste va les détruire jusqu'au dernier quand ses dieux Pénates apparaissent à Énée. Il s'est encore trompé de lieu, il s'était perdu dans le dédale des origines de ses origines :

> « Il faut changer de lieu de séjour. Il ne t'a point conseillé ces rivages,
> le dieu de Délos ; Apollon ne t'a pas ordonné de t'établir en Crète.
> Il existe un lieu que les Grecs nomment Hespérie, terre antique,
> puissante par ses armes et la fécondité de son sol ;
> des Oenôtres l'ont habitée ; maintenant, selon la tradition,
> leurs descendants l'ont appelée Italie, du nom de leur chef.

Ce sont nos lieux à nous ; c'est de là que proviennent Dardanus,
et aussi le vénérable Iasius, à l'origine de notre peuple.
Allons, debout, et sois heureux de rapporter à ton vieux père
ces paroles qu'il ne faut pas mettre en doute : qu'il recherche Corythe
et les terres d'Ausonie ; Jupiter te refuse les champs de Dicté. » (*Énéide*, III, 161-171)

Son père, Anchise, s'est trompé d'origine. À côté de Teucer le Crétois, il y a eu à l'origine de Troie Dardanos et son frère Iasios[7]. Leurs ancêtres venaient d'un autre monde. Entre Énée et ses origines, Troie n'est plus la seule parenthèse à refermer, désormais c'est toute la Grèce qui doit être oubliée, car l'Ausonie, c'est l'Italie.

Anchise à nouveau sollicité ouvre une autre partie de sa mémoire :

Les rites accomplis, tout joyeux,
j'avertis Anchise et lui rapporte tout en détail.
Il reconnut que notre naissance était ambiguë et notre ascendance double (*prolem ambiguam geminosque parentes*),
avoua s'être trompé à nouveau sur des lieux bien anciens.
Il se rappelle alors : « Mon fils, toi que tourmente le destin d'Ilion,
Cassandre était la seule à me prédire de tels événements.
Maintenant, je me souviens, elle prédisait ces destins réservés à notre peuple
et souvent elle évoquait l'Hespérie, souvent les royaumes d'Italie.
Mais que les Teucères aborderaient en Hespérie, qui l'aurait cru ? » (*Énéide*, III, 179-186)

Ils mettent le cap vers l'ouest, mais Énée n'a pas encore visité toutes les Troies qu'il n'aura pas fondées. Rien de tel qu'une tempête épique pour emmener les héros là où ils ne songeaient pas à se rendre. Énée entraîné par des vents contraires arrive chez Hélénus, le fils de Priam, désormais roi d'Épire et époux d'Andromaque, ayant succédé au fils d'Achille.

Étrange décadence de ce qui fut le royaume d'Achille, le plus redoutable ennemi des Troyens. La violence s'est éteinte et avec elle les distinctions entre Troyens et Achéens. Hélénus règne à la place d'Achille, héritier d'une partie du royaume de Pyrrhus et époux de la veuve d'Hector et de Pyrrhus. Andromaque, venant à la rencontre d'Énée et reconnaissant des boucliers avec des emblèmes troyens, s'évanouit, croyant voir des fantômes.

> Est-ce ton vrai visage? fils d'une déesse, es-tu un messager réel? Es-tu vivant? Ou la douce lumière t'a-t-elle quitté? (*Énéide*, III, 310-311)

Énée est bien vivant mais il n'appartient plus au monde grec d'Andromaque et d'Hélénus, car ce sont eux les fantômes. Ils célèbrent Hector au bord d'un faux Simoïs (*falsi Simoentis ad undam*) à côté d'un tombeau non seulement vide mais indifférent aux libations qu'ils lui offrent vainement (*ad tumulum inanem*)[8]. Hélénus et Andromaque sont aussi dérisoires et minuscules que cette maquette de Troie qu'ils ont fabriquée :

> Je m'avance, et je reconnais une petite Troie, une Pergame,
> faite sur le modèle de la grande, et un ruisseau à sec,
> dénommé Xanthe. (*Énéide*, III, 349-351)

Encore une « nouvelle » Troie insérée dans le texte de Virgile et qui une fois encore, bien loin de perpétuer l'ancienne Troie, la fixe dans la mort et l'image, ne faisant que commémorer son souvenir. Ce qui aurait pu être la revanche cinglante d'un fils de Priam n'a pas lieu, l'ancien royaume d'Achille est hanté seulement par ses ennemis vaincus, plongés dans un deuil sans fin. Il n'y a pas de suite à l'*Iliade* et l'*Odyssée* chez Virgile, ni de nouvelles générations héroïques.

Hélénus, qui est aussi devin, lui enjoint de quitter la mer habitée par les Grecs. Énée désire encore ressusciter Troie. La tempête le jette sur les côtes africaines, comme Ulysse sur les rivages de Phéacie. La parenthèse de ses voyages dans les eaux grecques se referme avec la fin de ses récits. Carthage sera sa dernière tentation « troyenne », il pourrait régner sur cette ville nouvelle avec son épouse Didon. Mais sur les ordres des dieux il part pour l'Italie.

Lors de sa seconde escale en Sicile (au chant V, pour célébrer les jeux funèbres de son père Anchise), à la suite de l'incendie des navires, il se débarrasse des femmes, des vieillards et de ceux qui n'y croient plus. Pour cela il fonde une espèce de Troie mais cette ville ne sera pas la sienne. Le vrai fondateur puis le roi en sera Aceste ; cette ville ne sera pas Troie mais une Troie, comme tant d'autres villes qui s'appellent Troie, un peu partout, et qui n'en sont que des images, des lieux-souvenirs.

> On enrôle pour la ville ; on laisse là les femmes, ceux qui le veulent,
> les cœurs indifférents à une grande réputation de gloire.
> Ceux qui vont partir remplacent les bancs de rameurs, réparent sur les navires
> les planches rongées par les flammes, ajustent rames et cordages.
> Ils sont réduits en nombre, mais pleins d'ardeur pour la guerre.
> Pendant ce temps, Énée dessine avec une charrue le tracé d'une ville,
> et tire au sort les maisons ; il ordonne que cela devienne Ilion,
> que ces lieux soient Troie. Heureux de sa royauté, le Troyen Aceste
> fixe une assemblée, convoque les sénateurs et leur donne des lois.
> (*Énéide*, V, 750-758)

Les Troyens forment désormais un peuple incomplet. Réduite à sa partie masculine, la troupe qui débarquera en Italie ne pourra pas fonder de cité sans s'allier aux peuples alentour. Énée a voué sa future ville au mélange. Aucune Troie nouvelle n'est plus possible sans métissage.

Énée n'a plus ni père ni épouse : ne lui restent qu'un fils et les Pénates. Là où il va il ne rencontrera aucun Troyen, aucun homme de la guerre de Troie. Il recule dans le temps de ses origines pour en repartir. La guerre de Troie a disparu, la parenthèse homérique est refermée. Homère n'est plus qu'un langage, un matériel d'images qui va lui permettre d'être vainqueur en Italie. Énée n'est plus le contemporain d'Achille, d'Hélénus et d'Andromaque, mais celui de Virgile et d'Auguste, et des aèdes arcadiens. Énée va aborder en Archasie après le séjour chez Didon qui lui en ouvre les portes, comme les Phéaciens ramenaient Ulysse dans les mers habitées par les hommes.

Externus *: l'homme qui vient d'ailleurs*

Énée, arrivant en Italie, a quitté l'espace grec ; avant, il était encore « chez lui », il rencontrait des hôtes ou des parents, même Didon venait d'Orient. Désormais, il sera l'étranger, l'homme venu d'ailleurs (*externus*), certes connu mais seulement comme le héros de poèmes homériques dont il est sorti pour débarquer en Ausonie.

Avant même d'arriver, il est annoncé comme « *externus* » par l'oracle de Faunus au roi Latinus.

> Tout de suite le devin dit : « Je vois un étranger (*externum*),
> Un homme qui s'avance… » (*Énéide*, VII, 68-69)

C'est en tant qu'étranger, c'est-à-dire non-latin, qu'il va épouser la fille de Latinus, comme le précise l'oracle :

> Une voix soudaine est alors renvoyée du fond du bois :
> « Ne cherche pas à unir ta fille en des noces latines (*conubiis natam sociare Latinis*),
> ô mon fils ; ne te fie pas à l'union qu'on lui a préparée.
> De l'étranger viendront des gendres (*externi generi*) dont le sang portera notre nom
> jusqu'aux astres. Nés de leur souche, nos descendants verront,
> soumis à leurs lois et tournant sous leurs pieds, l'univers entier
> qu'aperçoit le soleil dans sa course éternelle d'un Océan à l'autre. »
> (*Énéide*, VII, 95-101)

Le terme *externus*, uniquement spatial et sans valeur péjorative, est employé dans l'*Énéide* seulement pour désigner Énée quand il est en Italie ; il sert à introduire une opposition dedans/dehors, à partir d'un dedans défini par les Latins, les Latins servant, en fait, de métaphores pour les Italiens puisque Turnus, le prétendant officiel de Lavinia — auquel il est fait allusion par l'expression « *conubiis Latinis* » —, est un Rutule[9], qui plus est d'ascendance grecque.

Externus est aussi utilisé par les Étrusques pour désigner Énée. Au chant VIII, les Étrusques insurgés contre le tyran

Mézence ne pourront s'en débarrasser, dit un oracle, que s'ils ont à leur tête des « chefs étrangers », *externos duces*, aucun Italien, *Italus*, ne les mènera à la victoire, c'est pourquoi ils s'allient avec Énée [10]. Il est amusant de constater que les Étrusques, qualifiés de « Lydiens », c'est-à-dire originaires de la Lydie, contrée d'Asie Mineure, sont des gens du pays, des Italiens, par rapport à Énée, *dux externus*, qui vient de la même région [11] ; le terme *Italus* sert aussi à l'Arcadien Évandre à se définir, « nous les Italiens » [12]; ce qui prouve que l'italianité n'est question ni de naissance ni d'origine mais seulement de lieu d'ancrage, ici de résidence. Les Arcadiens sont venus dans le Latium et y ont fait souche, autrement dit une *stirps* en est sortie. Mais par rapport aux Étrusques, Évandre est considéré comme un *externus.* Les Étrusques rebellés contre Mézence étaient venus lui demander d'être leur général. Il s'était jugé trop vieux pour cette charge. Il a bien pensé à son fils Pallas, mais celui-ci n'est pas un *externus* comme son père, il est métissé sabin.

> J'aurais demandé à mon fils s'il n'était pas métis par sa mère qui est sabine
> et ne tenait pas d'elle, en partie, sa patrie. (*Énéide*, VIII, 510-511)

Est *externus* ici celui qui s'établit en Italie et se marie sur place : selon le principe de l'*origo*, il le reste toujours mais la génération suivante est « italienne ».

Le terme *externus* est à ce point sans contenu qu'il désigne indifféremment l'union de Pâris et d'Hélène ou celle d'Énée et de Lavinia, « *externus thalamus* » (mariage avec un étranger, une étrangère) [13]. Ce système métaphorique permet les analogies, c'est-à-dire ici la réécriture de la venue d'Hélène à Troie, comme femme venue d'ailleurs.

L'épouse de Latinus, qui plaide pour Turnus, le présente à la fois comme un *consanguineus* et un *externus.*

> « Et ta parole tant de fois donnée à Turnus, un homme de ton sang (*consanguineo*) ?
> Si l'on exige pour les Latins un gendre venu d'un peuple étranger (*externa de gente*),

> si cet arrêt est établi, si les ordres de ton père Faunus t'y contraignent,
> alors toute terre, affranchie de notre sceptre et distincte de notre territoire,
> est bien, à mon avis, une terre étrangère (*externam*), et c'est bien ce que disent les dieux.
> Quant à Turnus, si l'on recherchait l'origine première de sa famille (*prima domus... origo*),
> il descend d'Inachus et d'Acrisius, et du centre même de Mycènes. » (*Énéide*, VII, 366-372)

Ce sophisme d'Amata montre combien le terme d'*externus* est relatif, comme celui de *consanguineus*. Turnus est donc à la fois proche de Latinus comme « latin » et étranger puisqu'il n'est pas un de ses sujets, qu'il règne sur une autre ville. Les Romains ne donnent, comme on l'a vu, aucun contenu ethnique ni lignager au *sanguis*, à la *gens* ou au *genus*, ils ne se soucient en général ni de la pureté du sang ni de l'identité ethnique. L'extériorité d'Énée en Italie n'est pas une donnée de sa personne, mais un effet textuel : Énée est un *externus* parce qu'il appartient aux poèmes homériques. C'est pourquoi Latinus accueille les Troyens comme des étrangers égarés, dont il n'envisage pas qu'ils puissent avoir l'Italie pour destination.

> « Dites-moi, Dardanides — oui, nous connaissons et votre ville et votre peuple,
> et nous avons entendu parler de votre parcours sur les mers —,
> que cherchez-vous ? Quelle raison ou quel besoin poussa vos navires
> à franchir tant de sombres mers pour aborder au rivage d'Ausonie ?
> Que vous soyez égarés, ou dévoyés par les intempéries... » (*Énéide*, VII, 195-199)

Latinus reconnaît en lui le gendre venu de l'étranger :

> « Voilà donc le gendre, venu de l'étranger (*externa ab sede*) annoncé par les destins. » (*Énéide*, VII, 255)

Un héros homérique n'a rien à faire sur ces terres qui n'appartiennent pas à l'espace épique ; pour Latinus, Énée doit être perdu comme Ulysse l'était dans l'*Odyssée* et chercher à revenir chez lui, c'est-à-dire dans les eaux grecques. Latinus le reçoit avec ses compagnons comme les Phéaciens avaient accueilli Ulysse. L'analogie est d'autant plus aisée que l'interprétation réaliste des voyages d'Ulysse par certains philologues alexandrins le conduisait dans le bassin occidental de la Méditerranée [14].

Étrange étranger

Mais le texte de Virgile va plus loin dans la construction de l'extériorité des Troyens, dont il fait parfois aussi une étrangeté. L'étrangeté des Troyens est signalée par leurs vêtements, c'est la première fois qu'une forme d'identité leur est attribuée.

> Alors un messager, à cheval, rapporte aux oreilles du vieux roi
> que des hommes très grands, avec des vêtements comme on n'en a jamais vu (*ignota in ueste*), viennent d'arriver. (*Énéide*, VII, 166-167)

Ces vêtements « inconnus » signalent que jamais des Troyens ne sont venus jusqu'ici, des Troyens bien distincts des Grecs.

À des vêtements autres va être attachée une altérité morale qui sera exploitée par les ennemis d'Énée dans la guerre qui l'oppose à Turnus et ses alliés ; c'est un anachronisme volontaire dont nous avons désormais l'habitude et qui fait attribuer aux Troyens les habitudes vestimentaires des Phrygiens historiques contemporains de Virgile. Il n'y avait rien de tel chez Homère.

Déjà à Carthage Énée et les Troyens étaient stigmatisés comme des Orientaux voluptueux. Énée risquait en restant aux côtés de Didon d'être un Antoine aux côtés de Cléopâtre.

> Et maintenant, ce Pâris, avec sa suite d'efféminés,
> avec sa mitre de Méonie fixée à son menton et ses cheveux humides de parfum… (*Énéide*, IV, 215-216)

Cette identité orientale attribuée à Énée permet à ses adversaires d'utiliser une antithèse Latins *vs* Troyens selon un schéma topique dans l'Antiquité qui oppose les efféminés ramollis et les durs soldats. Un certain Remulus, beau-frère de Turnus, vient provoquer les Troyens assiégés dans leur camp de la façon suivante :

> « Vous ne trouverez ici ni les Atrides, ni Ulysse le beau parleur,
> mais un peuple dur. Dès la naissance, nous amenons nos fils au bord des fleuves
> pour les endurcir au contact du gel sévère et des flots ;
> enfants, ils passent leurs nuits à la chasse, fatiguent les forêts,
> jouent à dresser des chevaux, à tendre l'arc, à lancer des traits.
> Notre jeunesse, résistante aux travaux et habituée à vivre de peu,
> soumet la terre avec ses hoyaux ou ébranle les places fortes à la guerre.
> Toute notre vie s'épuise à manier le fer, et nos lances retournées
> harcèlent les échines des bœufs. L'âge qui nous rend moins vifs
> n'affaiblit pas notre force d'âme, il transforme notre vigueur :
> nous pressons sous le casque nos cheveux blancs, et toujours
> nous aimons ramener un butin nouveau et vivons de rapines.
> À vous les broderies de safran et les vêtements de pourpre éclatante,
> l'inaction vous enchante, vous vous complaisez dans les danses,
> vos tuniques portent des manches et vos mitres des rubans.
> Ô Phrygiennes, vraiment, car vous n'êtes pas des Phrygiens,
> allez vers les sommets du Dindyme, où la double flûte chante pour ses fidèles.
> Les tambourins bérécyntiens et les flûtes de buis de la Mère de l'Ida
> vous appellent ; laissez les armes aux guerriers, et cédez devant le fer. » (*Énéide*, IX, 602-620)

Toute cette harangue, tissu de lieux communs, n'a aucune valeur descriptive, elle sert à dire l'altérité des Troyens en Italie, utilisant l'image connue des contemporains de Virgile, celle des prêtres de Cybèle dans les rues de Rome. Elle sera démentie par la mort de Remulus sous les flèches d'Ascagne.

Le même dispositif se retrouve lors du duel entre Énée et Turnus qui termine l'*Énéide* ; le terrifiant guerrier rutule provoque Énée en ces termes :

> « Maintenant, ô lance qui jamais ne déçus mes appels,
> maintenant, le moment est venu : jadis aux mains du puissant Actor,
> tu es maintenant dans la droite de Turnus ; accorde-lui de terrasser
> le corps de cet eunuque de Phrygien, d'arracher d'une main ferme
> et de déchirer sa cuirasse, de souiller dans la poussière
> ses cheveux ondulés au fer et imprégnés de myrrhe. » (*Énéide*, XII, 95-100)

Turnus ne sera pas plus heureux que Remulus avec ses provocations puisqu'il va mourir transpercé par le javelot d'Énée, nouvel Hector terrassé par un nouvel Achille.

Un lecteur moderne de Virgile, habitué à ce qu'un récit réfère à une réalité virtuelle, se demande sans doute comment sont habillés « vraiment » les Troyens. Question inadéquate à l'*Énéide* qui n'est pas la fiction d'un monde possible. Et le costume phrygien d'Énée le Troyen n'appartient qu'au présent du lecteur romain.

Énée chez Évandre, voyage en Archasie

Énée est un étranger au Latium tant qu'il se rattache à son passé, c'est-à-dire aux poèmes homériques. Mais une fois libéré de cette origine, il peut se rattacher au futur et ainsi cesser d'être un étranger sur le futur site de Rome. Le procédé de Virgile, comme on l'a déjà vu, consiste à créer un espace composite, l'Archasie, un espace-temps intermédiaire sans réalité chronologique dans lequel entre Énée pour fonder Lavinium.

Le Tibre lui apparaît en rêve et lui conseille de s'allier contre Turnus aux Arcadiens établis près du fleuve, sur la rive où s'élèvera plus tard l'*Vrbs*. Ils ont construit une ville nommée Pallantée, du nom de leur ancêtre Pallas, sur le Palatin, selon le jeu étymologique habituel. Pour les besoins de la cause, ils sont continuellement en guerre avec le peuple latin (*gente Latina*) [15].

La ville d'Évandre est une bourgade rustique, rien à voir avec la splendide cité de Latinus :

> Quand ils aperçoivent de loin des murs et une citadelle,
> les toits de quelques maisons, qu'aujourd'hui la puissance romaine
> à élevées à la hauteur des cieux ; Évandre en ces temps-là était pauvre. (*Énéide*, VIII, 99-101)

Pallantée, c'est Rome avant Rome, une pré-Rome, une fiction archaïque. Évandre est sans ressources, et la ville ne contient que quelques pauvres maisons.

Énée, en rencontrant Évandre, exhibe une généalogie diplomatique, annoncée par la formule « la parenté de nos ancêtres » (*cognatique patres*) ; il est d'usage entre cités voulant s'allier de se trouver des cousins au énième degré. Mais cette formule montre aussi qu'Énée et Évandre sortent du même monde grec. Par son ancêtre Dardanos, fils d'Électre, elle-même fille d'Atlas, il est parent d'Évandre descendant de Mercure, fils de Maïa fille d'Atlas [16]. Atlas est décidément la divinité du monde archaïque. À quoi s'ajoutent des liens d'amitié personnels, noués entre Anchise et Évandre jeune adolescent en Arcadie, lors d'une visite de famille (Anchise allait voir sa sœur à Salamine, en Grèce).

Énée rencontre Évandre alors qu'il est en train de sacrifier à Hercule sur un autel toujours présent à Rome, ainsi que son culte, l'*ara maxima*. À la suite de quoi Évandre lui fait visiter le futur site de Rome. « Tout en échangeant ces propos », écrit Virgile, mais en fait ce n'est pas Évandre qui parle : une voix *off*, celle du poète, se substitue aux paroles d'Évandre, pour indiquer au lecteur romain à quoi correspondent dans la Rome moderne les lieux où passe Énée. En fait, ce sont ces lieux-là qu'il visite et non une Pallantée arcadienne reconstituée.

> À peine eut-il fini de parler qu'il quitta ce lieu, et montra l'autel
> et la porte que les Romains nomment Carmentale,
> antique honneur accordé à la nymphe Carmenta,
> la prophétesse fatidique, qui fut la première à chanter
> la future grandeur des Énéades et l'illustre Pallantée.
> Ensuite, il montre l'immense bois sacré, que l'ardent Romulus

> érigea en asile, et, à l'ombre fraîche d'un rocher, le Lupercal,
> dédié, selon une coutume parrhasienne, à Pan Lycéen.
> Et il montre aussi le bois de l'Argilète sacré,
> prend le lieu à témoin et raconte la mort de son hôte Argus.
> De là, il les conduit vers la demeure de Tarpéia et vers le Capitole,
> tout en or aujourd'hui, autrefois hérissé de ronces sauvages. (...)
> Voici aussi ces deux forteresses, aux murs écroulés ;
> ce sont des vestiges rappelant d'antiques héros.
> La première fut fondée par le dieu Janus, l'autre par Saturne :
> l'une fut appelée Janicule, l'autre Saturnia. (*Énéide*, VIII, 337-358)

Cette visite jette un pont entre Énée et la Rome à venir, avec Romulus, le Lupercal, le Capitole, l'Argilète, les quartiers élégants du Palatin, les temples aux tuiles d'or du Capitole et les sept collines occupées par les générations divines locales, de Saturne et de Janus, sans intermédiaires latins. L'Archasie d'Évandre réunit l'archaïsme grec traditionnel des Arcadiens et sa traduction locale, l'archaïsme italien de Janus et de Saturne.

L'affaire Dardanos

En ayant congédié son passé, Énée devient, à partir du chant IV, le nouveau héros d'un nouvel espace épique, qui sera le double et l'inverse de l'*Iliade* : au lieu qu'à l'horizon il y ait la chute d'une ville et la fin d'un monde, il y a la fondation d'une ville et le début d'un nouveau monde destiné à trouver son plein accomplissement dans le temps présent du poète. Le récit épique cohabite avec l'Archasie sans se confondre avec elle. L'espace épique a sa propre cohérence qui lui vient d'Homère, et que lui impose l'*Iliade*. Énée ne peut vaincre Turnus que s'il est un nouvel Achille.

Pour ces deux raisons, l'*Énéide* n'est pas une histoire de l'Italie antique. L'arrivée d'Énée en Italie n'est pas une irruption dans un Nouveau Monde, il n'est pas Christophe Colomb découvrant l'Amérique et des Aborigènes sauvages, ni un héros civilisateur. Il n'ouvre pas une nouvelle ère. Son arrivée ne fait pas date. D'ailleurs il n'arrive pas, il revient.

Au milieu du voyage, en Crète, Anchise s'était souvenu, stimulé par le devin Hélénus, que son ancêtre Dardanos, avant d'être troyen, était italien. Énée part alors pour l'Italie, à la rencontre de ses ancêtres[17]. Et le roi Latinus en les accueillant en « Ausonie » ressort, lui aussi, cette vieille histoire de Dardanos venu de Corythe :

> Et même, je me souviens (histoire un peu obscure, vu les années)
> des récits des vieillards auronques ; ils disaient que Dardanus,
> né dans nos régions, pénétra jusqu'aux villes idéennes de Phrygie
> et jusqu'à Samos de Thrace, appelée aujourd'hui Samothrace.
> Il partit d'ici, de la ville tyrrhénienne de Corythus. (*Énéide*, VII, 205-209)

Dardanos, parti d'une région d'Italie et de la ville « tyrrhénienne » de Corythus, était allé en Orient fonder la ville de Troie. L'Italie n'est donc pas ce Nouveau Monde qu'on pouvait imaginer. Il suffit de remonter dans le temps et les origines s'échangent. Les héros vont et viennent. Énée revient dans les terres de ses ancêtres, rien ne se passe que des allers-retours géographiques de l'Italie à la Grèce et de la Grèce à l'Italie.

Généralement, les commentateurs de Virgile privilégient la figure de Dardanos de Corythus, et donc celle d'Énée l'Italien, comme si là était la vérité finale du héros[18]. Comme si, à son arrivée, il avait été pris à tort pour un étranger mais qu'en réalité... D'où des spéculations sans fin sur Énée l'Étrusque. Sans qu'ils s'interrogent sur la contradiction entre ce Dardanos italien et sa généalogie au chant VIII où il est un héros grec, descendant d'Atlas, ce qui fait d'Énée un parent d'Évandre[19].

Il est certain que Dardanos venu d'Étrurie n'est pas une invention virgilienne même si cette origine italienne d'Énée n'est pas reprise à Rome quand il y devient l'ancêtre — très indirect — de Romulus. S'agit-il d'un Dardanos étrusque ? Chez Virgile, les Étrusques sont des Lydiens[20] venus avant la guerre de Troie mais après le départ de Dardanos. Si l'on suit le fil Dardanos, les Étrusques sont donc des gens venus d'ailleurs, mais installés en Italie depuis longtemps, les Troyens sont des Italiens mais partis depuis longtemps. Pourquoi cette addition virgilienne, reprise à une autre tradition que celle de Fabius Pictor et qui peut venir d'un récit étrusque ? Faut-il y voir la volonté d'Auguste de refermer Rome sur l'Italie[21] ? Est-ce afin de conjurer la peur d'une Troie ressuscitée (*Troia resurgens*), peur qui aurait hanté Rome depuis plus d'un siècle et aurait été utilisée contre César, la *gens Julia* étant accusée de vouloir déplacer à Troie la capitale de l'*imperium* ? Rome avait en effet hérité du roi Attale III, en 133 av. J.-C., son royaume dont elle avait fait la province d'Asie[22]. Il est vrai que chez Horace on trouve la même crainte. Dans un de ses poèmes, il attribue à Junon une menace adressée aux Romains. Ils ne doivent pas édifier une nouvelle Troie, sinon cette troisième Troie périra comme ont succombé les deux premières[23].

En tout cas, la « brillante trouvaille de Virgile n'a eu aucun succès et aucune suite »[24]. Ovide, dans les *Fastes*, l'a déjà oubliée, qui reprend mot pour mot la généalogie grecque d'Énée :

> Pouvait-il ignorer qu'Électre, fille d'Atlas, après avoir reçu Jupiter dans sa couche,
> donna le jour à Dardanus ; Erichthonius fut le fils de celui-ci,
> et le père de Tros ; Tros engendra Assaracus, et Assaracus, Capys,
> et Capys, Anchise, auquel Vénus ne dédaigna pas de s'unir,
> et de devoir le titre de mère. De cette union naquit Énée. (*Fastes*, IV, 31-37)

Voilà Énée et du coup Auguste parfaitement gréco-troyens.

Giardina interprète cet échec de Virgile à créer un nouveau paradigme originel d'une façon intéressante ; selon lui, sans la dimension troyenne, Rome est une cité incomplète, car l'Italie n'a pas d'existence par elle-même, il n'y a pas d'ethnie italienne. L'Italie n'est que mélange et diversité. Rien qui ressemble au panhellénisme. Il faut donc un pouvoir politique externe qui vienne compléter cet agrégat de peuples incomplets — eux-mêmes issus de mélanges — en leur donnant une identité politique. En ramenant avec Énée les Italiens à eux-mêmes et Rome à une identité italienne, Auguste aurait menacé Rome d'éclatement, d'où l'abandon de cette politique « italienne »[25].

Certes, nous retrouvons dans cette interprétation l'incomplétude qu'impliquent le pèlerinage à Lavinium et la notion d'*origo*. Mais Virgile crée-t-il vraiment un Énée italien ? Autrement dit, Énée a-t-il dans l'*Énéide* une identité consistante et stable qu'il hériterait de son ancêtre Dardanos l'Italien ? L'autre généalogie de Dardanos qui en fait le descendant d'Atlas et un cousin d'Évandre le Grec serait-elle un mensonge ? Évidemment pas. Si la vérité était un Énée italien, le récit perdrait sa dynamique, car les oracles réclament un *externus* pour vaincre à la tête des Étrusques et pour épouser Lavinia. C'est contre un *externus*, un ignoble Phrygien, que combattent Turnus et ses « durs Italiens ». Énée dans l'*Énéide* est l'un et l'autre, comme Dardanos, italien et grec, ou plutôt, pour ne pas parler en termes d'identité, il est dedans et dehors.

Ambiguïté fondamentale qui fait d'Énée un citoyen d'Archasie, hésitant entre une origine et l'autre. C'est le sens de la référence constante à Dardanos [26] dans l'*Énéide*, elle redit sans cesse qu'Énée est d'ailleurs et d'ici. Le collectif « Dardanides », qui désigne tous les Troyens compagnons d'Énée, les entraîne dans cette ambiguïté. Et même Troie tout entière car la *gens Dardania* désigne les Troyens en général [27]. Quand l'oracle annonce aux Troyens qu'ils viennent d'Italie, il les appelle « rudes Dardaniens » (*duri Dardanidae*), leur attribuant en un instant cette *virtus* guerrière que Turnus revendique pour les Italiens que n'a pas encore efféminés la civilisation grecque.

La double nature d'Énée comme les deux origines de Dardanos ne font pas difficulté si on ne les situe pas dans une narration réaliste, mais si on les compare à une structure rituelle. Le culte de la Grande Mère des dieux de l'Ida, Cybèle, conjugue deux formes contradictoires ; l'une phrygienne et exotique, interdite aux citoyens, l'autre romaine, interdite aux étrangers et aux esclaves. Cybèle, qui vient de Phrygie, est *externa* comme Énée, mais elle a été installée en plein cœur de Rome, sur le Palatin, à côté de la cabane de Romulus, au IIe siècle av. J.-C. [28]. À la suite d'une consultation des livres sibyllins, le Sénat décide d'introduire à Rome cette déesse étrangère qui vient de Pergame et qui est aussi, par son origine, troyenne. Deux rituels opposés vont donc constituer son culte.

D'abord, une procession « authentique », célébrée par de vrais

Phrygiens, vêtus de robes bariolées, qui traversent la ville en chantant et hurlant, avec des joueurs de cymbale et de tambourin; leurs chants rauques sont accompagnés par la musique suraiguë des flûtes phrygiennes. L'image de la déesse est portée en procession. Les assistants jettent des pièces de monnaie, on répand des pétales de roses. Des prêtres eunuques dansent avec frénésie et exhibent des mutilations sanglantes. Ce rite effrayant est interdit aux Romains.

L'autre rituel est strictement romain. Il consiste en jeux scéniques où sont exclus du public les esclaves et les étrangers. Puis ont lieu des repas pris en commun, limités aux familles aristocratiques, où l'on consomme un plat rustique, une sorte de fromage frais aux herbes et à l'ail avec de l'huile et du vinaigre.

Comme la Grande Mère une fois installée sur le Palatin, Énée est double une fois arrivé en Italie. Comme les rituels de la Grande Mère, la double généalogie de Dardanos rend compte d'un présent et non d'un passé. C'est son histoire et son intégration, non pas sa nature, qui sont ainsi ritualisées. Dardanos l'ancêtre ne transmet pas une identité quelconque à Énée, mais signifie par sa dualité son ancrage dans le sol italien comme *origo*. Énée n'est pas double, il est seulement installé en Italie et venu d'ailleurs.

Le va-et-vient des ancêtres repris par Virgile au va-et-vient des migrations mythiques utilisé par les mythographes grecs lui permet de créer cette double ascendance pour Énée : grec oriental par Dardanos le Troyen et « italien » par Dardanos venu de Cortona. Cette double origine fonctionne simultanément dans le texte virgilien qui reste malgré tout un récit grec avec la généalogie du fondateur. Le texte, en maintenant les deux attaches locales qui se contredisent, fait qu'Énée n'est ni l'un ni l'autre; il est l'homme qui vient d'ailleurs pour créer l'*origo* à Lavinium, il ne laisse rien de son passé troyen, il n'acquiert pas non plus une identité nouvelle, italienne. Virgile arrache ainsi Énée à Homère et aux poèmes de fondation.

Conclusion

L'*origo* est-elle un métissage ?

Grâce à sa double origine, Énée n'est pas un fondateur. Mais celle-ci n'est-elle pas dans l'*Énéide* la figure d'un métissage premier ? Si l'on se réfère à Pallas, fils d'Évandre, le métissage serait dissymétrique[1]. Les mariages mixtes entre les étrangers (*externi*) et les gens d'ici ôteraient aux enfants de ces mariages leur extériorité.

Bien que fils d'un *externus*, un Arcadien immigré, Pallas devient italien par sa mère, une Sabine. Son père dit qu'il est « *mixtus matre Sabella* » (métissé de mère sabine), et que de cette mère (*hinc*) il tient en partie sa patrie (*patria*). Le terme *patria*, qui signifie « la terre des pères », fait de sa mère sabine l'équivalent d'un père. Ce métis a donc deux pères, et le « père local », ici sa mère sabine, l'emporte sur le père étranger : il n'est pas un *externus*, même s'il a une autre *patria* qui est celle de son père. Si l'on rapproche cette formulation du métissage des deux patries dont parle Cicéron[2], la petite patrie qui est celle de son *origo* et la commune patrie qui est Rome, on retrouve un dispositif comparable. Avec cependant cette différence fondamentale : chez Cicéron, les deux patries sont incluses l'une dans l'autre et toutes deux sont héritées du père par la naissance et par le droit. Chez Virgile, dans le cas de Pallas, les deux patries sont rivales et correspondent à une double ascendance, paternelle et maternelle. L'ascendance locale l'emporte. Ce qui permet l'intégration automatique dès la première génération.

Le métissage dans notre monde contemporain pratique cette dissymétrie des origines, un métis « blanc » et « noir » est toujours vu du côté des Noirs. Barack Obama a été salué comme le premier président noir des États-Unis.

Pourquoi cette invention d'un tel métissage chez Virgile, dont on ne trouve trace nulle part ailleurs ? Prisonnier malgré tout du temps généalogique de l'épopée et des récits mythographiques, aurait-il interprété l'*origo* sous la forme du métissage ? Au lieu que l'avant s'abolisse par la création du *nomen* et la rencontre du lieu et de l'homme, la nouvelle *gens* ne devant rien à ses « origines », Virgile aurait-il essentialisé l'altérité latine pour en faire une identité ? Donnant en même temps une identité à l'ascendance troyenne ? Avec pour conséquence d'enraciner les Romains dans leur territoire d'origine et de les enfermer en Italie ?

Virgile invente des Latins indigènes

De fait, Virgile invente des Latins indigènes qui, une fois unis aux Troyens, restent, bien que métissés, des Latins. Ce métissage dissymétrique est celui que prédit Jupiter à Junon[3].

Nous avons vu comment les Latins chez les historiens anciens étaient le résultat de la rencontre d'Énée et de l'Italie ; dans les récits de la fondation de Rome, ils ne sont que des intermédiaires entre les Troyens et les Romains, et n'apparaissent que pour disparaître absorbés par Rome[4]. En dehors de ces récits de fondation, le *nomen latinum* est une fédération cultuelle, aux dimensions variables, dont les cités qui la composent, une fois vaincues par Rome, reçoivent une citoyenneté de second ordre, puis la pleine *ciuitas*. Le *nomen latinum* est donc lié à la pratique de l'*origo*, il est une des deux composantes de l'altérité incluse, l'autre étant l'altérité troyenne.

Ce statut des alliés de droit latin a sans doute été le point de départ des récits des mythographes grecs sur la fondation de Rome où les Latins deviennent un peuple — en grec *ethnos*, en latin *genus* ou *gens* — issu du mélange des Troyens et des Aborigènes, selon un schéma récurrent dans ce type de récit. Mais, du coup, ce peuple de fiction est plutôt grec et constitutif de l'hellénisme organique de Rome, ce que manifeste la tension entre récits grecs et pratiques romaines. Chez les mythographes, les plus anciens indigènes ont tendance, plus on remonte dans le temps, à être de plus en plus grecs et issus de diverses migrations arcadiennes. À Rome, la composante latine de la citoyenneté est moins « autre » que la composante troyenne. Dans l'antithèse, toujours relative, entre latin et troyen, présente dans l'imaginaire romain, les Latins sont en position identitaire sans pour autant constituer une identité.

Or Virgile procède différemment. Il reprend la fiction d'un *genus latinum*, mais en retirant aux Latins toute forme d'hellénité. Quand Énée débarque, ils sont déjà là. Et c'est donc à des Latins et non à des Aborigènes qu'Énée va s'unir et unir les Troyens dans l'*Énéide*. Mais comment fabriquer ces Latins pour en faire un peuple civilisé sans qu'il soit grec ? En effet, pour qu'il y ait une guerre sur le modèle de la guerre de Troie, une guerre civilisée nécessaire à cette nouvelle *Iliade*, il faut que les adversaires des Troyens leur soient semblables, comme leur étaient semblables les Achéens. Énée, pour être le nouvel Achille, ne pouvait pas affronter un Turnus barbu et descendu de ses montagnes. Ici le projet homérique de Virgile est contraignant.

Les Latins de Virgile sont donc des indigènes, issus de l'Italie archaïque que les Romains du Ier siècle av. J.-C. voient peuplée de bergers, de faunes et de nymphes. Cette Italie première et sauvage apparaissait déjà chez certains mythographes, mais elle était très tôt civilisée par des héros et des dieux grecs, par exemple Italos, fils de Télégonos et de Pénélope, devenu roi des Oenôtres. Virgile reprend ce scénario mais supprime tout apport extérieur en confiant à Saturne, dieu romain, le soin de civiliser ces sauvages. C'est l'Arcadien Évandre qui raconte à Énée l'archéologie du Latium, avant les Latins et avant son arrivée :

> En ces bois habitaient les Faunes et les Nymphes indigènes,
> ainsi qu'une population d'hommes nés du tronc de chênes durs,
> êtres sans tradition ni culture, qui ne savaient ni atteler des bœufs,
> ni amasser des richesses, ni épargner ce qu'ils avaient acquis ;
> la cueillette et la chasse des bêtes sauvages leur assuraient une nourriture âpre.
> Le premier qui vint de l'Olympe céleste fut Saturne,

exilé, privé de son trône, et fuyant les armes de Jupiter.
Il rassembla cette population ignorante et dispersée dans les montagnes
et lui donna des lois. Il choisit d'appeler ces bords Latium,
puisqu'il s'y était caché (*latuisset*), bien à l'abri. (*Énéide*, VIII, 314-323)

Cette histoire indigène est un récit grec avec des dieux qui vont et viennent entre le ciel et la terre, pour offrir aux hommes les arts de la civilisation ou les règles de la vie sociale. Ce récit grec en latin, avec un dieu romain déguisé en Kronos, fait partie des travestissements virgiliens servant à construire l'espace archaïque italien pour y inscrire l'*Iliade* d'Énée. Récit grec qui s'appuie une fois encore sur l'étymologie d'un terme local, le Latium, à la définition géographique des plus vagues : « ces bords » (*oris*).

Les Latins sont donc inventés à ce moment-là du texte, dans le miroir des Grecs, comme s'ils étaient issus d'Arcadiens indigènes. Faunus interprété comme l'équivalent romain de Pan, dieu des bergers d'Arcadie, est un des maillons de cette traduction, avec la nymphe — grec *numphè* —, qui appartient uniquement aux panthéons grecs. D'où cette étrange généalogie de Latinus que nous citions précédemment qui se substitue au récit de fondation faisant de Latinus le fils d'Hercule[5].

Le roi Latinus, bien vieux déjà, régnait
sur des villes et des campagnes depuis longtemps pacifiées et sereines.
Il était né, nous dit-on, de Faunus et de la nymphe laurente Marica.
Le père de Faunus était Picus, qui t'appelle père,
toi, Saturne, le tout premier auteur de cette famille. (*Énéide*, VII, 45-49)

Par sa naissance, il est issu de dieux purement italiques : Saturne, le civilisateur des indigènes, père de Picus, père de Faunus, lui-même père de Latinus mais avec une « nymphe » locale. Cette généalogie « à la grecque » permet de fabriquer des dieux latins ayant le même statut que les dieux grecs dont est issu Énée. L'Archasie ici est une variante latine de l'Arcadie.

Latinus, comme tout noble romain de la République, a dans son atrium des *imagines* ancestrales, des masques funèbres qu'il sort lors des funérailles des morts de sa famille[6]. Mais ces *imagines* de Latinus ne sont pas des masques romains, ce sont des statues grecques archaïques, des *agalmata* en bois, car ces ancêtres sont des dieux :

> Il y avait aussi la série des effigies des lointains aïeux,
> sculptées dans du vieux cèdre, et Italus,
> et le vénérable (*pater*) Sabinus,
> qui sema la vigne, représenté avec une faucille recourbée ;
> et le vieillard Saturne, et l'image de Janus aux deux visages.
> Tous se dressaient dans l'entrée ; et les autres rois aussi, depuis l'origine (*ab origine*),
> et ceux qui, se battant pour la patrie, endurèrent les blessures de Mars.
> Devant l'entrée sacrée se trouvaient en outre des armes innombrables ;
> là étaient suspendus des chars capturés et des haches incurvées,
> des casques empanachés, et d'énormes barres de portes,
> des javelots et des boucliers, et des rostres arrachés aux navires.
> Muni de son bâton quirinal (*Quirinali lituo*), vêtu d'une courte trabée, un ancile à la main gauche,
> Picus, le dompteur de chevaux (*equum domitor*), était assis. (*Énéide*, VII, 177-189)

Virgile mélange toutes les époques et toutes les références : ces vieilles statues grecques sont aussi romaines. Picus superbement anachronique en magistrat romain est agrémenté d'une épithète homérique : *equum domitor* (dompteur de chevaux)[7]. Il porte la trabée, une toge comportant une ou plusieurs bandes horizontales de couleur rouge qui était celle des consuls mais dont les antiquaires disaient qu'elle avait été le vêtement des rois. Elle est courte parce que archaïque. Le lecteur contemporain d'Auguste voit ces temps-là comme ignorant encore le luxe et donc ces immenses toges élégamment disposées le matin sur les épaules d'un magistrat romain grâce à l'habileté d'un esclave préposé à cette tâche. L'ancile que Picus tient à la main est le bouclier sacré de Mars. Quant au « bâton quirinal », c'est le bâton de l'augure qui tire son nom de Quirinus-Romulus, ce qui est une belle anticipation. Mais l'Archasie ignore l'histoire.

Virgile ajoute à cette galerie de dieux ancestraux des amas d'armes qui correspondent à diverses coutumes romaines contemporaines : ainsi les éperons des navires pris aux ennemis décorent le forum romain, et les nobles qui ont conduit des guerres victorieuses accrochent à la façade extérieure de leur maison des sortes de trophées guerriers.

Quand ils vont se rencontrer, rien ne différenciera culturellement les Latins des Troyens, pas même la langue, comme toujours dans l'épopée homérique qui ne connaît qu'une seule langue, la sienne. Ces Latins sont aussi hellénisés que les Carthaginois ; Latinus accueille les Troyens en manifestant sa connaissance des poèmes homériques et même de leur suite : les premiers livres de l'*Énéide* appartiennent comme Homère à la mémoire commune et unifiée des peuples hellénisés de la Méditerranée.

> Dites-moi, Dardanides (oui, nous connaissons et votre ville et votre peuple,
> et nous avons entendu parler de votre parcours sur les mers),
> que cherchez-vous ? (*Énéide*, VII, 195-197)

Virgile pose ainsi face à face deux peuples analogues mais appartenant à des lieux différents. Les Troyens appartiennent à la mer grecque, les Latins à l'Italie.

L'Orient et l'Occident ?

En donnant une identité aux Latins face aux Troyens, Virgile, selon certains commentateurs, aurait symbolisé un Orient et un Occident égaux en dignité, dont Rome réaliserait la synthèse par une forme de métissage[8]. C'est pourquoi Rome serait ainsi deux fois fondée : une fois par Énée, le Grec, l'Oriental, celui qui vient d'ailleurs et apporte la culture hellénique, la seconde fois par Romulus, le Latin, celui qui était déjà là et rattache les Romains au sol de l'Italie. Cette double fondation serait pour Rome à la fois l'affirmation de sa continuité hellénique et sa négation, ce que nous avons appelé sa dénégation. Peut-on dire « L'Orient ne s'abolit pas par l'acte colonial de la fondation » ? Le double récit serait ainsi l'illustration narrative de l'image que Rome se ferait d'elle-même au Iᵉʳ siècle av. J.-C. comme le produit de la rencontre et de la synthèse entre l'Orient et l'Occident. C'est essentialiser ce qui était simplement la négation de la continuité hellénique, par l'affirmation de deux entités distinctes ou au moins de deux pôles opposés. Il s'agirait d'un métissage symétrique entre Orient et Occident. Chacun contribuerait à créer une Rome qui n'est ni l'un ni l'autre.

Cette rencontre serait un transfert, toujours dans le même sens, de l'Orient vers l'Occident, qui permet par un apport oriental de romaniser l'espace latin. « Tout ce qui est romain vient de l'Orient mais d'un Orient transporté par un voyageur puis assimilé et intégré dans un espace nouveau. » De cette synthèse entre Orient et Occident, de ce métissage symétrique, l'*Énéide* serait le récit emblématique, puisque non seulement le poème raconte un transfert, celui d'Énée dans le Latium, mais il est aussi lui-même un poème romain, le résultat du transfert d'Homère dans la langue latine. Nous retrouvons ici, en gros, l'idée de l'altérité incluse ou encore de l'hellénisme organique. Mais s'y ajoute celle d'une identité latine et d'une identité grecque. Est-ce l'idéologie de l'*Énéide* ?

En tout cas, elle romprait avec la conception romaine traditionnelle. Une telle vision de Rome métissée repose uniquement sur une idéologie de la fondation et élimine la notion d'*origo*. Elle donne une consistance aux Latins qui n'est pas historiquement fondée, et qui ne se rencontre que dans l'*Énéide*. Elle suppose une forme de conscience ethnique chez les Italiens, ce que les Grecs appellent *suggeneia* et les Romains *consanguinitas*[9]. Or la *consanguinitas* ne sert pas dans l'Antiquité romaine à définir une identité. Comme la *suggeneia*, c'est une catégorie intervenant essentiellement dans la diplomatie grecque et hellénistique. Elle sert à justifier des relations privilégiées entre peuples, cités ou souverains. On ne la voit même pas utilisée dans ce sens par les Romains ou les Italiens lors des guerres « sociales » quand ces derniers revendiquent la *ciuitas*[10].

L'usage du terme *consanguinitas* au Ier siècle av. J.-C. en Italie trahit au contraire une grande indifférence à l'égard des identité ethniques. La *consanguinitas* sert à dire toutes les proximités, tous les liens quels qu'ils soient, de famille, d'alliance, d'amitié ou de concitoyenneté, ou des liens contractuels formalisés. Pas plus que le *sanguis* la *consanguinitas* n'a besoin d'un fondement généalogique ou naturel. Ce n'est pas une réalité « palpable » comme dans les cités grecques ou dans les nations modernes. Elle ne pouvait pas être le support imaginaire d'une identité quelconque, latine ou italienne.

La parenté entre les Italiens vient de leur mélange et non de leur origine. Mais c'est un mélange indistinct qui ne garde pas aux éléments qui le composent leur identité première. Rome n'est pas une cité métisse et encore moins une cité pluriethnique.

Les Latins de Virgile ont-ils une identité ?

Revenons à Virgile et ses Latins qui semblent être une exception dans l'imaginaire romain. Virgile développe une vision du mélange qui prend en compte les constituants de ce mélange, les Latins et les Troyens. Que vont-ils devenir, ces Latins une fois unis aux Troyens, ces Troyens unis aux Latins ? Virgile décide qu'ils restent des Latins — ce qui est certes globalement conforme à la tradition qui faisait des Latins le résultat de l'union des indigènes avec les Troyens — mais cela pose un problème : comment les Latins issus des mariages troyens peuvent-ils être les ancêtres troyens de Rome en restant les mêmes Latins qu'avant ? Les Troyens n'apportent-ils rien à cette union ?

Virgile décrit en détail ce que sera le résultat de l'union des Troyens et des Latins. Il leur donne une consistance culturelle qui ressemble à un métissage moderne, déjà ébauchée avec Pallas[11].

Junon, avant la victoire annoncée des Troyens sur les Latins menés par Turnus, fait une prière à Jupiter : que la défaite des Latins n'entraîne pas leur disparition.

> Je t'implore pour le Latium, au nom de la suprématie des tiens [des Troyens]
> quand bientôt ils feront la paix, contractant d'heureux mariages avec des enfants,
> quand bientôt ils uniront leurs lois et leurs traités, n'ordonne pas
> aux Latins indigènes de changer leur ancien nom,
> ni de devenir Troyens, ni d'être appelés Teucères ;
> qu'ils ne changent ni de langue, ni de coutumes vestimentaires.
> Que le Latium vive, que des rois albains règnent durant des siècles,
> que soit puissante une descendance romaine forte de la valeur italienne. (*Énéide*, XII, 820-827)

Ce qui est en cause dans la prière de Junon est le nom du peuple à venir que va créer Énée en s'unissant aux Latins, il doit leur être refusé qu'ils perpétuent Troie et les Troyens. Sa demande est du côté troyen conforme au fonctionnement de l'*origo*. Ceux qui s'arrêtent disparaissent au profit d'une *gens* nouvelle, famille ou peuple ; les héros troyens, origines d'une famille romaine, abandonnent leur nom grec pour créer un *nomen latinum*. Junon précise le lieu où s'ancrera l'*origo*, le Latium, future « petite patrie ».

Mais du côté latin, les choses changent, il n'est plus question d'*origo*. Surgit une identité latine, destinée à être conservée ; cette identité consiste en un type de vêtement et une langue dont il n'avait jamais été question précédemment dans le texte. Les Latins étaient jusqu'à présent un peuple « homérique », comme les Troyens et les Achéens, culturellement semblables à leurs adversaires et n'ayant pas de problème de communication linguistique. Ensuite, l'identité des Latins se situe dans leur *uirtus*, cette valeur militaire que transmettront les Latins aux futurs Romains. En parlant de « *uirtus Itala* », Virgile définit une identité romaine, ancrée dans ses origines, non pas latines mais, par métaphore, « italiennes ». La *uirtus* des Romains est un lieu commun, y compris chez les Grecs, mais ordinairement elle n'est qu'une façon de légitimer leurs victoires et leurs conquêtes. Elle appartient de fait à leur identité propre, sinon comment expliquer que Rome ait vaincu les peuples du monde entier ? Donc la *uirtus* ne peut être pour les Romains une altérité incluse, elle ne peut leur venir des Troyens ni des Latins. Or, dans l'*Énéide*, c'est Énée qui incarne l'altérité incluse, il ne sera donc pas l'homme de la *uirtus*. Les Latins, ou les Italiens qui jouent, temporairement ici, le rôle de pôle identitaire, sont donc pourvus de cette *uirtus* et vont la transmettre aux Romains. Mais cette attribution ne vaut que pour ce passage, car ensuite ce sont les Troyens avec leurs alliés étrusques, ligures et grecs qui seront finalement vainqueurs contre les Latins et les Italiens.

Jupiter, donc, accorde à Junon ce qu'elle veut en reprenant et précisant le contenu de sa demande :

> Je t'accorde ce que tu veux, et je me rends, vaincu et content.
> Les Ausoniens garderont la langue (*sermonem patrium*) et les coutumes de leurs pères,
> et leur nom restera ce qu'il est ; mariés (*commixti corpore*),
> les Teucères subsisteront (*subsident*). J'y ajouterai leurs coutumes
> et leurs rites sacrés, et ferai parler tous les Latins d'une seule voix.
> Le peuple (*genus*) qui surgira de là, issu de ce métissage (*mixtum*) avec le sang (*sanguine*) ausonien,
> tu le verras en piété surpasser les hommes, surpasser les dieux.
> (*Énéide*, XII, 833-839)

En les dénommant Ausoniens[12], Jupiter fait des Latins un peuple métaphorique de tous les habitants de l'Italie, comme précédemment Junon parlait de *uirtus* italienne. En effet, quand il dit « les Ausoniens garderont leur langue », il désigne le latin, qui n'est pas la langue des Italiens avant l'expansion romaine ; et si certes les Italiens parleront aussi latin à l'époque de Virgile, c'est en tant que citoyens de l'*imperium*. Cet anachronisme volontaire fait éclater le temps de la narration, comme on l'a déjà vu de nombreuses fois, car la phrase de Jupiter n'a de sens que dans le présent du lecteur. Il donne aux Ausoniens une identité rétroactive qui est celle de l'*origo* et non celle de la transmission.

Virgile utilise ce terme d'Ausoniens pour désigner indifféremment les peuples constituant la coalition autour de Turnus, et en particulier les Rutules. C'est donc un usage homérique du nom : la coalition des Ausoniens dans le Latium contre les Troyens est semblable à la coalition des Achéens sous les murs de Troie, elle se formule selon la même figure du catalogue. Venus de toute l'Italie, les Ausoniens sont parfois grecs ou fils d'un père grec. Il y a Mézence l'Étrusque et son fils Lausus, Aventinus, fils d'Hercule, deux Argiens, Catillus et Coras de Tibur, Caeculus de Préneste, Messapus, à la tête de contingents falisques et capénates, Clausus le Sabin, Halésus, fils d'Agamemnon, Oebalus, fils de Télon, Ufens et ses Èques, Umbro de Marruvium, Virbius, fils d'Hippolyte l'Athénien, Turnus le Rutule, Camille l'amazone volsque. Il y a des guerriers osques, des Auronques, des Fescennins, et des Èques Falisques[13].

Mais inversement, en servant de métaphore aux Italiens, les Latins retrouvent ce statut d'*origo* symbolique qui est le leur dans le rituel de Lavinium. Sous le dénominatif vague et englobant d'Ausoniens, les Latins, Rutules, Étrusques, tous les peuples auxquels Énée s'affronte en Italie, ont vocation à être, un jour ou l'autre, intégrés dans l'*imperium* comme les Latins, grâce à leur *origo.* Leurs cités deviendront des municipes ou des colonies « latines », ils recevront la *ciuitas* romaine.

Le texte, une fois encore, est instable et glissant. C'est toujours cette même poétique de la métaphore qui fait passer d'un peuple à un autre, d'un temps à un autre. Jupiter parle la langue de l'Archasie. Et donc il n'est pas possible d'extrapoler à partir de ce passage sur le métissage à venir des Latins, en l'étendant à l'ensemble du texte pour aboutir à un peuple latin identique à lui-même et nanti d'une identité. Virgile ne va pas jusqu'à essentialiser les Latins.

En revanche, il offre une ébauche de pensée du métissage dont on voit vite les apories dans une culture qui n'a pas intégré le biologique à sa représentation de la filiation. Quand la culture où il a lieu donne un sens ethnique à la couleur de la peau, le métissage est visible et semble une réalité naturelle. À Rome, la couleur de la peau n'a pas de signification ethnique, c'est une variante individuelle comme la couleur des yeux ou la taille. Certes les Romains admettent que chez certains peuples ces caractéristiques physiques sont majoritaires, mais elles restent contingentes et ne sont pas pour autant des traits identitaires. Ils diront qu'en Nubie les habitants ont la peau noire mais jamais ils ne parleront des Noirs, d'une communauté définie ou identifiable par un trait physique. La transmission dans le mariage ne passe pas par le sang mais par le cadre juridique de l'héritage. Le métissage à Rome est impensable sans une manipulation divine qui change les règles de la transmission.

Les Troyens sont-ils les mères des Latins ?

Revenons à la promesse de Jupiter. En termes modernes, le peuple issu de l'union des Latins et des Troyens sera culturellement métissé ; il conservera en partie sa « culture » latine : la langue, les coutumes — ce qui inclut le vêtement et le nom de leur peuple — mais il héritera de la religion des Troyens (*morem ritusque sacrorum*).

Le métissage sera-t-il aussi celui des corps (*commixti corpore*) par le mariage ? Cela dépend du sens qu'on donne à *subsident, sanguis et mixtum.* Le verbe *subsidere* signifie « rester, subsister » dans ce contexte, donc les Troyens survivront par le mariage avec des femmes latines, ce qui est évident car ils n'ont plus de femmes troyennes avec eux. Ce mariage ne permettra pas la transmission du nom du père mais seulement celui du grand-père maternel, ce que signifie peut-être *sanguis ausonius.* Comme on l'a vu précédemment, le *sanguis* n'implique aucune identité biologique, il signifie une parenté quelle qu'elle soit, ici le *sanguis* semble désigner une parenté de type agnatique. Les mères latines de ces mariages mixtes donneront leur identité civique à leurs fils. Quant à *mixti corpore*, l'expression est banale pour dire le mariage.

Pour que les nouveaux Latins aient tous pour mères des Latines et pour pères des Troyens ou des Latins, il fallait qu'il n'y ait plus de Troyennes. C'est pourquoi Énée avait perdu son épouse, Creüse, lors de la prise de Troie, c'est pourquoi les Troyens ont abandonné leurs femmes en Sicile[14]. Les traditions qui avant Virgile incluaient l'épisode de l'incendie des vaisseaux par les femmes lasses d'errer — elles ne le faisaient que parvenues dans le Latium — racontaient au contraire qu'elles avaient réussi grâce à cet incendie à contraindre les Troyens à s'y installer[15]. Donc Virgile a bien pour but de n'introduire que des hommes avec Énée dans le Latium afin que tous les Troyens disparaissent dans le peuple latin. Il ne s'agit pas de race mais de culture. D'un côté les noms, les mœurs et la langue, de l'autre la religion.

Une seule femme arrive dans le Latium, la mère d'Euryale. Celui-ci va mourir et la douleur d'une mère, magnifiquement pathétique, contribue à la beauté de l'épisode de Nisus et Euryale. Pour la cohérence, Virgile ajoute cette justification après coup, conforme à l'esthétique modulaire de la composition épique[16]; chaque épisode se succède de façon quasi autonome.

Comment interpréter ce métissage culturel qui se fait par des mariages entre Latins et Troyens, privilégiant la lignée maternelle contre la tradition romaine? La société romaine patrilinéaire fait tout passer par le père : le nom, le statut social, les biens, les cultes. Or Virgile brise la succession patrilinéaire au profit d'une double filiation matrilinéaire et patrilinéaire, où les Troyens seront des mères et les Latines des pères.

Pourquoi faire disparaître les Troyens dans les Latins, alors que les nobles romains, et Auguste lui-même, se targuent d'en être les descendants par le *nomen*?

Maurizio Bettini[17] distingue dans l'*Énéide* deux descendances troyennes aboutissant aux Romains, deux « branches » (*stirpes*) : les Latins issus des mariages mixtes, qui transmettent aux Romains leur identité italienne, et la famille d'Auguste, directement issue d'Ascagne, qui est troyen de père et de mère. Tout commence donc à la première génération après Énée et les Troyens : c'est alors que se créent les futures *gentes* romaines, latines et troyennes, les *nomina*. Cette double descendance se dirait par le *sanguis*. Sang latin pour les uns, sang troyen pour Énée[18]. Ascagne en recevant un nouveau nom (Iule) crée une *stirps*. Pour que ce système marche, il faut qu'il ne concerne que la première génération car ensuite Iule a nécessairement épousé une femme qui n'était pas troyenne.

Une autre interprétation pourrait être la suivante : Auguste, avec l'*Énéide* de Virgile[19] et l'autel de la Paix, aurait cherché à transformer le paradigme de l'*origo* pour enfermer Rome dans ses frontières (*limes*). L'autel de la Paix manifeste sa volonté de mettre fin aux guerres, c'est-à-dire à l'expansion de Rome, comme Auguste le dit lui-même dans les *Res gestae.* Plus personne ne viendra d'ailleurs. Parallèlement, sans aller jusqu'à rapatrier les Pénates de Lavinium, ce qui serait un sacrilège, Auguste installe des Pénates avec une statue de Vesta dans sa maison du Palatin, devenue le palais du Prince et la demeure du grand pontife, *domus publica*, c'est-à-dire le foyer du Peuple romain [20]. Tout se dédouble comme Dardanos.

Rome multiculturelle ?

Le texte de l'*Énéide*, quelles qu'aient été les intentions d'Auguste ou celles de Virgile, n'offre pas le récit cohérent d'un métissage à partir d'origines bien identifiées. Énée est italien et ne l'est pas. Les Latins, une fois métissés, restent identiques à eux-mêmes. Mais ces Latins n'ont pas d'autre identité, en réalité, que d'être des futurs Romains, comme tous les autres peuples d'Italie. Virgile les caractérise par des coutumes romaines que les Romains leur attribueront rétrospectivement, ou pas.

Cataloguer les importations et recenser les traditions locales est à Rome un sport national [21]. La technique augurale viendrait de Phrygie, l'alphabet serait un héritage d'Évandre l'Arcadien, l'armement du légionnaire aurait été emprunté aux Samnites, les lois anciennes à Athènes. Tout le monde débat joyeusement dans les banquets et les jardins. Que ce soit du Latium ou d'Apulie, d'Afrique ou de Grèce, dans l'imaginaire romain tout vient toujours d'un ailleurs proche ou lointain. Les Romains se vantent d'avoir amélioré toutes ces techniques venues du monde entier et de se les être ainsi appropriées.

Faut-il penser sur ce modèle l'accueil fait par Rome aux étrangers : tous reçus avec leurs spécificités qu'ils conserveraient une fois devenus citoyens, contribuant ainsi à former une Rome multiculturelle [22] ? Ce serait ne pas tenir compte de l'indifférence des Romains aux caractéristiques ethniques.

Tout Romain par son *origo* « vient d'ailleurs » mais cette extériorité ne lui confère aucune altérité substantielle, Rome n'est pas une cité qui se représente elle-même comme multiculturelle. Quand l'empereur Claude rappelle que Rome est forte et riche de ceux qu'elle a vaincus puis intégrés, il ne le dit pas en termes de diversité culturelle mais en termes de valeur intrinsèque. Elle a reçu du monde entier tout ce qui s'y trouvait de meilleur[23]. Énée n'a aucun caractère phrygien — ce sont ses ennemis qui l'en accusent —, pas plus que Trimalchion, dans le *Satiricon*, n'a de caractéristique syrienne. Celui-ci n'a pas non plus la mémoire de son passé ethnique, il ne se souvient que de son passé servile. Son histoire est sociale, elle n'est pas culturelle. La modernité dramatise avec passion ce qu'elle appelle des différences ethniques ou culturelles car elles seraient l'être d'un individu ; selon le point de vue, elles le rendraient vulnérable, car toute atteinte à son identité serait une blessure de son être, ou redoutable, car ces différences menaceraient l'unité politique du pays. Pour les Romains, ce sont au plus des curiosités, les variantes d'un *bios* commun qui ne touchent pas à une identité essentielle.

C'est pourquoi Rome ne cherche pas à acculturer les provinces, comme en témoigne un document désormais fameux, une inscription découverte à Banasa (Maroc)[24], qui montre sous quelle forme la citoyenneté romaine était accordée à des Berbères au temps de Marc Aurèle et de Commode (IIe siècle apr. J.-C.), « *saluo iure gentis* » (en conservant les droits de ce peuple). On imaginerait une *gens* de Berbères en gandoura vivant sous leurs tentes avec leurs chameaux et leurs chèvres. Les fouilles de la ville où a été découverte cette pierre montrent que les habitants avaient adopté un genre de vie romain avec un forum, des thermes, des maisons à atrium. La romanisation se fait sans bruit. Chacun vit comme il veut dans sa « petite patrie » et parle sa langue. Augustin enfant parlait le punique. Mais cette diversité ne franchit pas la barrière de l'*origo*, elle est absente de la « commune patrie ».

Humanitas ?

Cette altérité sans contenu est le matériau à partir de quoi le droit fait un Romain. Tout Romain est symboliquement un descendant d'Énée, c'est-à-dire qu'il est issu d'une famille fondée par un homme venu d'ailleurs, un *externus*, qui s'est fixé dans une ville de l'*imperium* où il a oublié son passé. Cette famille est, métaphoriquement, latine jusqu'au jour où un fils deviendra totalement citoyen romain. L'*origo* est le paradigme rituel d'une double altérité incluse, elle implique une représentation de Rome dont l'identité suppose toujours une part d'altérite extérieure, qu'elle soit grecque, troyenne ou étrusque. Tout Romain vient d'ailleurs. Mais le voyage qui le mène à Rome passe par l'installation dans une ville « latine », un territoire, quel qu'il soit, en dehors de Rome et qui est une partie de Rome. Il s'agit d'une acculturation fictive qui est l'effet du droit et ne contraint pas le nouveau Romain à changer de vie.

Cet imaginaire juridique et rituel n'est pas théorisé à Rome, et pourquoi le serait-il ? Il n'avait qu'une fonction pratique. Il n'a pas donné lieu à une vision humaniste de l'homme, à un universel concret [25] qui se serait incarné dans une citoyenneté accordée à l'individu « liée ni au sol ni au sang ». Le droit de citoyenneté romaine a certes un contenu purement juridique, mais en restant lié au sol [26] il assigne une *origo*, et en restant lié au sang il est héréditaire par ses effets. Il ne repose par sur l'idée d'une communauté humaine étendue à l'univers.

Il n'y a pas à Rome de notion exprimant l'unité du genre humain qui donnerait un fondement éthique, *humanitas*, à l'universalité politique romaine, c'est un contre-sens moderne sur le mot *humanitas*. L'*humanitas* n'est pas une notion globalisante qui définirait une essence de l'homme, commune à tous. L'*humanitas* est la capacité morale d'un homme à vivre en société. La fameux vers de Térence qu'on cite à tort et à travers est un jeu de mots.

Homo sum : humani nil a me alienum puto [27].

Un vieillard indiscret vient se mêler des affaires de son voisin qui l'envoie promener. Et il dit pour se justifier : « Je suis n'importe qui (*homo*) mais je pense savoir me conduire en société » [28]. Quant au non moins fameux texte de Cicéron [29], lui aussi ne parle que d'un homme en société. La question de la définition de l'homme est posée dans le contexte technique du droit : comment le *jus ciuile* — les droits privés du citoyen — peut-il être le même pour tous les hommes civilisés, devenus citoyens romains quelle que soit leur cité de rattachement ? Ce n'est pas un programme politique mais le commentaire, illustratif, en termes stoïciens de l'égalité juridique romaine. Cicéron ne sort pas du cadre de la *ciuitas*. Comment le *jus ciuile* pourrait-il concerner des barbares du fin fond de l'Asie ? L'humanité s'arrête aux frontières de l'*imperium*.

L'indifférence romaine aux origines ethniques s'explique par l'*origo*, car si elle postule un ascendant venu d'ailleurs, elle n'est qu'une fiction juridique associée à l'octroi de la *ciuitas* et donc cet ascendant n'a besoin d'aucune existence réelle, il se définit juste comme *externus*. En outre, il est créé au moment où « naît » le nouveau citoyen, où il est inscrit sur les registres de son *origo*, soit à titre personnel, soit plus souvent comme membre d'une *gens*, d'une population localisée dans l'*imperium*. Cette *gens* peut, s'il lui plaît, s'inventer ou retrouver dans un quelconque récit de fondation un ancêtre qui donnera un nom et une histoire à cette *origo*.

L'*origo* est une pratique qui ne se théorise pas plus qu'elle ne repose sur une vision humaniste des peuples, c'est simplement un processus d'ouverture. L'*origo* à la rigueur se raconte mais les récits que l'un ou l'autre, homme ou ville, associe à son *origo* n'en rendent pas raison, ce sont des ornements empruntés à des récits de fondation.

*Un bon usage de l'*origo *: des origines faisons table rase*

La pratique de l'*origo* a fait qu'à Rome les récits de fondation, les histoires sur Romulus et Énée ne disent pas les origines de Rome, ne lui confèrent pas une identité première dont elle porterait le poids dans les siècles des siècles. Ce qui nous débarrasse des spéculations comme celles de René Girard[30]. Ce qui nous délivre aussi plus généralement de la dictature des « grands récits », que ce soit ceux des préhistoriens ou ceux des mythologues comparatistes. Ce qui nous libère enfin de la dictature de l'idée de l'origine, dénoncée par Étienne Klein, « tantôt pensée comme le problème fondamental à résoudre, tantôt comme la solution définitive de tous les autres problèmes »[31].

Inutile d'attribuer à Rome, malgré elle, un grand récit sur des origines dont elle aurait été inconsciente, car l'*origo* suffit à répondre à toutes les questions. L'*origo*, cette fiction juridique et rituelle, n'a pas besoin d'un avant pour se constituer. Entièrement tournée vers l'avenir, la pratique de l'*origo* postule un début absolu chaque fois qu'est conférée la *ciuitas*. Le droit romain procède toujours ainsi, il n'enregistre pas des changements mais affirme une situation présente. Comme l'héritier en droit civil romain, qui s'instaure comme héritier de son père, est son héritier — *suus heres* — quand son père est mort alors que l'adjectif *suus* qui renvoie au sujet de l'énonciation ne devrait pas pouvoir s'employer. L'ancêtre arrêté en un lieu, l'*origo*, que présuppose l'obtention de la *ciuitas* et qui la fonde en droit, est une fiction contemporaine de l'acte juridique, créée par cet acte[32].

L'*origo* est-elle une catégorie anthropologique romaine ? Prétendre retrouver les catégories sous-jacentes d'une culture est épistémologiquement trop lourd de présupposés. Ce terme d'*origo* nous a servi simplement de support afin de parler dans notre langage d'anthropologue, de l'extérieur, de pratiques romaines. L'*origo* est un réseau de pratiques qui s'informent mutuellement : le pèlerinage à Lavinium, l'acquisition de la *ciuitas*, l'*Ara Pacis* et l'*Énéide*. Parmi ces pratiques, il y a des fictions qui agissent par le moyen de *monumenta*. Nous n'avons pas fait l'histoire de l'*origo*, serait-elle à faire ? Il suffit de saisir les pratiques en action et de constater qu'elles sont solidaires dans leur durée et leurs effets. Les plus évidents de ces effets sont la conquête du monde par Rome et l'édit de Caracalla qui en 212 apr. J.-C. donne à tous les étrangers libres habitant les villes de l'empire la citoyenneté romaine. Pendant ce temps, les consuls se rendaient chaque année à Lavinium.

L'*origo* romaine est en revanche pour nous un concept qui nous permet de résoudre le problème insoluble des origines tel qu'il est posé et rappelé par Étienne Klein : « Un début qui fait suite à un avant est-il vraiment *le* début[33] ? » Si l'on veut faire l'économie d'une origine transcendante, d'un Dieu « origine absolument première et absolument créatrice », si donc la matière doit être à elle-même sa propre origine, il faut répondre à l'une ou l'autre question. La première est sans fin : « Et avant ? » La seconde n'est pas plus facile : « Si avant avant il n'y avait rien, comment à partir de rien y a-t-il eu quelque chose ? »

Quand les origines deviennent une question historique, elles sont tout aussi impensables. Dès qu'il y a quelque part de l'histoire, nous ne pouvons pas nous empêcher de croire qu'il y a forcément eu un début[34]. Tout le monde connaît l'histoire de la bicyclette dont toutes les pièces changent mais qui reste toujours la même bicyclette[35]. « Changer, ce n'est pas cesser d'être soi, c'est être soi autrement. » Mais peut-on changer ? « Le sujet du verbe changer, cela dont on dit qu'il change, c'est précisément ce qui ne change pas au cours du changement. » C'est donc la notion de changement qui détermine celle d'identité. Il faut un sujet au verbe changer. Ce qui s'ensuit est la crainte du changement qui menace toujours son sujet, d'une nation qui a peur de perdre son identité.

L'*origo* romaine permet de ne pas s'enfermer dans tous ces pièges de la pensée occidentale moderne, entre autres celui de l'identité nationale. Faut-il opposer radicalement histoire et identité comme Giardina[36] et refuser cette idée d'un temps long qui permet à Braudel de faire de l'identité d'un peuple la fin dernière de son histoire ? Étienne Klein citant François Jullien[37] rappelle que, loin d'être universelle, cette angoisse des débuts, présente à chaque étape de la pensée historique occidentale, est un problème « local ». Il est un effet de notre langage ontologique. Pour penser l'origine des choses, il faut qu'il y ait des choses possédant une essence intemporelle ou situées dans une longue temporalité mais en relation avec un temps où elles s'inscrivent en s'en distinguant. Si au contraire, comme les Chinois, et comme les Romains, on ne s'intéresse qu'au processus, la question des origines tombe d'elle-même.

On nous objectera que la pensée occidentale n'est pas prête pour une telle mutation. Il est vrai que le modèle du discours historique — c'est-à-dire qui s'inscrit dans une temporalité linéaire, orientée, et est au cœur de la réalité, le temps étant une réalité physique — est prégnant. Tout savoir de nos jours est un grand récit ou un petit récit, que ce soit l'histoire des sciences ou l'histoire littéraire, intégrés eux-mêmes dans le grand récit de l'humanité. C'est le piège des « mondes possibles » qui préside à toute fiction. Tout récit même fictionnel serait une histoire.

Mais le discours poétique, tel que nous l'avons vu dans l'*Énéide*, en particulier avec la création de l'Archasie, peut sortir de la temporalité mimétique du temps vécu et du temps historique, il peut ne pas être un discours sur l'être et produire des réalités verbales mouvantes comme Énée lui-même, discontinues et instables, qui ne soient que changements. C'est ce que nous avons appelé la poétique de l'*origo.*

Notes

Les références abrégées renvoient à la bibliographie, p. 195.

INTRODUCTION

Identité nationale et origines à Rome : l'*origo*

1. *Épîtres*, II, 1, v. 156-157.

2. *Odes*, III, 30, v. 10-13.

3. Valette-Cagnac, 2005, p. 37-80.

4. Denys d'Halicarnasse, *Antiquités romaines*, II, 16-17.

5. Nicolet, 1976.

6. Tacite (55-120), *Annales*, XI, 23-24, et Tables de Lyon, *CIL*, XIII, 1668.

7. François Hartog, *Introduction* à Denys d'Halicarnasse, *Les origines de Rome*, Les Belles Lettres, coll. La roue à livres, 1990, p. XVIII.

8. Ce que les historiens de Rome appellent entre eux les « guerres sociales ».

9. Cette notion d'*origo* est une découverte fondamentale de Thomas, 1996, qui a inspiré tout ce livre.

10. Les historiens du XXe siècle ont volontiers cru à des « résistances » culturelles de la part des peuples soumis, sur le modèle des luttes de libération du XXe siècle. Par exemple, Marcel Benabou, *La résistance africaine à la romanisation*, La Découverte, 1976.

11. Voir Onno van Nijf, « *Aristos Hellenôn* : succès sportifs et identité grecque dans la Grèce romaine », *Mètis*, 2005, p. 271-294.

12. Denys d'Halicarnasse traduit *origo* par *suggeneia* (parenté agnatique).

13. Cicéron, *De legibus*, II, 5.

14. Terme grec qui signifie « habiter ensemble » et désigne la politique attribuée à Thésée, qui aurait fondé Athènes en rassemblant les campagnards de l'Attique dans un lieu urbanisé autour de l'Acropole.

15. Cette expression, d'emblée anachronique — intraduisible en latin —, revient chaque fois qu'il est question de l'*Énéide* dans les Histoires de la littérature latine.

16. Le traitement anthropologique des performances poétiques relève de l'ethnopoétique. Sur l'ethnopoétique et sa méthode, voir Claude Calame, Florence Dupont, Maria Manca, 2010.

17. Premier vers bien connu de l'*Énéide* : « *Arma uirumque cano...* » Un performatif décrit et réalise l'action qu'il désigne.

18. Ce n'est pas toute l'archéologie. Un exemple de cette exploitation de l'archéologie pour reconstituer une préhistoire de Rome en relation avec les légendes de fondation : Grandazzi, 1991.

19. L'archéologie n'est pas une science neutre malgré ses airs savants ; mise au service de la géopolitique, on voit bien qu'elle prétend révéler la vérité des origines. Voir Jean-Pierre Payot, *La guerre des ruines*, Choiseul, 2010.

Pour la critique de cette façon de procéder, voir Calame, 1996, p. 58.

20. Tite-Live, Préface, I, 6-7.

21. *Une vie pour Troie*, Paris-Genève, Slatkine, 1996.

22. Pour la critique radicale de l'illusion archéologique, voir Poucet, 1985.

23. Paul Veyne, *Les Grecs ont-ils cru à leurs mythes ?*, Le Seuil, 1983.

CHAPITRE 1

Aux origines de Rome il n'y a que des histoires grecques

1. C'est le projet de Georges Dumézil qui cherche à retrouver à Rome des structures sociales et narratives communes aux Indo-Européens, au cours de décennies de travaux sur ce qu'il appelle la mythologie romaine, depuis *Jupiter Mars Quirinus. Essai sur la conception indo-européenne de la société et sur les origines de Rome*, Gallimard, 1941, jusqu'à *Le roman des jumeaux. Esquisses de mythologie* (publié par J. H. Grisward), Gallimard, Bibliothèque des Sciences Humaines, 1994.

2. Pour une présentation simple, subtile et cependant érudite : Jane F. Gardner, *Mythes romains* (*Roman Myths*, 1993), Le Seuil, Points, 1995.

3. Le plus beau et le plus fou de ces rêves est : Serres, 1983.

4. Dominique Briquel, « La triple fondation de Rome », *Revue de l'histoire des religions*, tome 189, n° 2, 1976, p. 145-176. L'anthropologie générale fournit toutes sortes d'interprétations, à partir, par exemple, de la figure des jumeaux dans l'histoire universelle des religions : Alain Meurant « Quelques facettes de la gémellité dans les légendes de l'Italie primitive », *Folia Electronica Classica* (Louvain-la-Neuve), n° 1, janvier-juin 2001. Cet auteur hésite entre le mythe universel et le mythe proto-italique, identitaire. Quel que soit le jugement qu'on porte sur ce type de recherches, elles ne peuvent pas servir à retrouver une identité de Rome car l'histoire de Rémus et Romulus n'est que l'un des nombreux récits de la fondation de Rome, comme on le voit *infra*.

5. Elle se trouve à la même époque dans les *Antiquités romaines* de historien grec Denys d'Halicarnasse, résumée en I, 45, puis développée jusqu'en I, 71.

6. Méthode inaugurée par Claude Lévi-Strauss dans l'*Anthropologie structurale*, Plon, 1958, et reprise par Georges Dumézil et de nombreux historiens et anthropologues des religions.

7. Par exemple, on lit dans l'*Encyclopaedia Universalis s.v.* « paléontologie humaine » : « Dès la plus haute antiquité, l'Humanité s'est penchée sur ses origines [...] Il était inévitable que l'homme s'interrogeât, après 3 millions d'années d'histoire, sur son origine, sa place dans la nature et son éventuelle raison d'être dans l'univers. »

8. Les récits suivants ont été essentiellement rapportés par Plutarque, *Vie de Romulus*, et par Denys d'Halicarnasse dans ses *Antiquités romaines*, à partir de mythographes et d'historiens grecs plus anciens aujourd'hui perdus.

9. Plutarque, *Romulus*, I, 1-3. Selon Denys d'Halicarnasse, *Antiquités romaines*, I, 72, la fondation de Rome par Énée et les Troyens remonte entre autres à Hellanicos, historien grec du ve siècle av. J.-C. On trouve le même récit chez Damaste de Sigée.

10. Plutarque, *Romulus*, II, 2-8.

11. Italos était le fils de Télégonos et de Pénélope, veuve d'Ulysse.

12. Commenté par Dominique Briquel, « Salluste, *Catilina*, VI, 1-2 : une vision aberrante des origines de Rome », *Aere perennius : Hommage à Hubert Zehnacker*, Paris, Sorbonne, 2006, p. 83-105. On sait par ailleurs que Salluste avait utilisé pour rédiger son *Catilina* un compendium historique fourni par un affranchi athénien, Ateius philologus, d'où il dut tirer cette version. Lui-même aurait utilisé en plus un autre récit de la fondation de Rome qui remonterait à Hyperochos, auteur d'une histoire de Cumes.

13. Connu par Festus, p. 238, fin du IVe siècle (?), et interpolateur de Servius (*Ad En*, I, 273).

14. Denys d'Halicarnasse, *Antiquités romaines*, I, 72, 5-6.

15. Plutarque, *Romulus*, II.

16. Servius, *Ad En*, VI, 777, et Servius Daniel, *Ad En*, I, 273. Naevius : 235-204 av. J.-C; Fabius Pictor : 254-201 av. J.-C. ; Ennius : 239-169 av. J.-C.

17. Par d'autres références, on sait que Promathion est contemporain d'Aristote et a écrit autour de 350 av. J.-C.

18. Plutarque, *Romulus*, III et VIII.

19. Denys d'Halicarnasse, *Antiquités romaines*, I, 72, 1 : « Mais comme il y a une grande contestation au sujet de la période de la fondation de la ville et sur ses fondateurs, j'ai pensé qu'il m'incombait aussi de ne pas donner simplement un exposé rapide de ces choses, comme si elles étaient universellement approuvées. »

20. Denys d'Halicarnasse, *Antiquités romaines*, I, 72, 2-6.

21. Poucet, 1985, y croit cependant, p. 237. Claude Calame avait fait le même constat que nous pour la ville de Cyrène, « aucune version originaire » ne peut être reconstituée car les récits sont trop divergents : Calame, 1996, p. 62.

22. Bibliographie impressionnante que l'on trouvera dans Poucet, 1985, et Grandazzi, 1991.

23. Poucet, 1985.

24. La citadelle de Thèbes s'appelle la Cadmée et la vache a donné son nom à la Béotie.

25. Voir Francis Vian, *Les origines de Thèbes. Cadmos et les Spartes*, Klincksieck, 1963, p. 79 et suiv.

26. Justin, *Abrégé des Histoires Philippiques de Trogue Pompée*, XLIII, 3.

27. Calame, 1996.

28. Nom à consonance grecque et auquel les Anciens donnèrent une étymologie grecque.

29. Hérodote, I, 94.

30. Comme le démontrent John Scheid et Jesper Svenbro, « Byrsa, la ruse d'Élissa et la fondation de Carthage », *Annales. Économies, Sociétés, Civilisations*, 1985, vol. 40, n° 2, p. 328-342. On peut sans doute dater cette légende de fondation de l'époque — v^e^ et IVe siècle av. J.-C. — où la Sicile est le lieu d'affrontements et de guerres incessantes entre les Grecs et les Carthaginois.

31. Aristote, *Politique*, et Polybe, *Histoires*, VI.

32. Calame, 1996, p. 112-128.

33. Françoise-Hélène Massa-Pairault, « L'art et la définition de la cité », dans *Crise et transformation des sociétés archaïques de l'Italie antique au ve siècle av. J.-C.*, EFR, 1990.

34. Dominique Briquel, in *Aere perennius*, *op. cit.*
35. Attale, roi successeur d'Alexandre. Pergame, sur les lieux de l'ancienne Troie.
36. Briquel, 1990, p.185.
37. Himère, 480 av. J.-C. Pindare, *Pyth.* VI, 72-80.
38. Calame, 1996.
39. Humm, 2007, dont nous reprenons ici largement les conclusions.
40. Poucet, 1985, p. 57.
41. Dans son Introduction à l'*Iliade*, Gallimard, Folio.
42. Denys d'Halicarnasse, *Antiquités romaines*, I, 72.
43. Position de Briquel, 1990, p.174-177. Voir *supra*, p. 37.
44. Salluste, *Guerre de Catilina*, 6.
45. Denys d'Halicarnasse, *Antiquités romaines*, I, 11, 1.
46. Servius, *Ad En*, I, 6.
47. Calame, 1996, p. 62.
48. « Je me fais fort de prouver qu'ils (les fondateurs de Rome) étaient des Grecs et venus de nations non des moindres ni des plus misérables », Denys d'Halicarnasse, *Antiquités romaines*, I, 5, 1.
49. Denys d'Halicarnasse, *Antiquités romaines*, I, 90.
50. Récapitulation en I, 60.
51. C'est-à-dire en 720 av. J.-C.
52. Denys d'Halicarnasse, *Antiquités romaines*, VII, 72, 2-5.
53. Dialecte parlé dans les îles grecques d'Asie Mineure.
54. Denys d'Halicarnasse, *Antiquités romaines*, I, 90, 1.
55. Valette-Cagnac, 2005, « *Vtraque lingua* », p. 7-36.
56. Denys d'Halicarnasse, *Antiquités romaines*, XIV, 16 frag.
57. Humm, 2007, p. 281 et suiv.
58. Dupont, 2005, p. 255-278.
59. *Mètis*, 2005.
60. Voir *supra*, p. 46.
61. Valette-Cagnac, 2005, p. 37-80.
62. Humm, p. 353.
63. Plutarque, *Marcellus*, III, 4.
64. Tite-Live, XXII, 57, 2-6.
65. Pline l'Ancien, *Histoire naturelle*, 29, 7, 14.

CHAPITRE 2

L'*origo* rituelle de Rome : le pèlerinage à Lavinium

1. Les pages qui suivent sont une synthèse à partir de « L'*origo* rituelle de Rome » dans Thomas, 1996, chapitre VI, p.133-179, auquel nous renvoyons pour le détail de la démonstration.

2. Par exemple, les *Fastes* d'Ovide sur les fêtes du calendrier romain ou les *Questions romaines* de Plutarque.

3. John Scheid a pris ce terme chez Moses Mendelssohn (1729-1786) qui s'en était servi pour décrire la religion juive, et l'a adapté à la religion romaine. Voir en particulier Scheid, 2005.

4. *De divinatione*, II, 24 , 51. L'haruspicine est la consultation des entrailles des victimes lors des sacrifices.

5. Comme les Athéniens qui récitaient Homère aux Panathénées, ou comme les multiples chants choraux qui dans les cités grecques associaient des récits aux dieux et héros célébrés lors des cultes civiques.

6. Chaque premier jour du mois — *kalendes* — un bélier est offert à Janus qui là aussi sert à passer d'un mois à l'autre.

7. Jusqu'en 153 av. J.-C. Il est probable que ce changement soit dû au prolongement des guerres extérieures qui désormais s'étendent dans l'espace et dans le temps; engagées contre des peuples qui n'observent pas le même calendrier, elles ne peuvent plus se limiter à la période de mars à octobre. En effet, fin 154, le consul Q. Fulvius Nobilior venait d'être élu pour l'année suivante, et devait prendre, avec quatre légions, le chemin de l'Espagne afin de réprimer une révolte des Celtibères. Or, il aurait dû attendre jusqu'au début de l'année 153, soit mars, avant de prendre sa charge et de partir en campagne. Trois trop longs mois aux yeux du Sénat qui, pressé de le voir entrer en action, avança le début de l'année 153 du 1er mars au 1er janvier.

8. Sur le calendrier rituel, voir Dumézil, 1966. Le lien établi au IIIe siècle av. J.-C. par les mythographes entre les deux récits d'abord indépendants a pu partir de ce calendrier rituel.

9. Voir *supra*, Introduction, p. 11 et suiv.

10. Tite-Live, V, 50 à 54.

11. Thomas, 1996.

12. David, 1997.

13. Sur les Pénates, voir Dubourdieu, 1989.

14. Cicéron, *Pro Sulla*, 86, et la *lex ursonensis*, *CIL*, I², 594.

15. Aulu-Gelle, IV, 1, 17.

16. Jusqu'à donner en français « prompt ».

17. Le plus souvent, la ou les générations suivantes cohabitent mais un fils marié, même pourvu de nombreux enfants, ne devient *pater* qu'à la mort de son *pater*, et encore, à condition que celui-ci ait lui-même perdu son père.

18. *Gen-* est une racine indo-européenne indiquant l'acte de génération du père, à l'origine de nombreux mots latins ou grecs puis français comme « genre » ou « nature », « génie » ou « génétique ».

19. Ce qui n'est pas le cas des terres cultivées (*arvua*) qui sont rendues en hiver à la sauvagerie, à la différence des jardins, protégés par les Lares.

20. Cette part de terre est aussi bien le sol de leur maison que celui de leur jardin ou encore le tracé des chemins publics — c'est pourquoi les Lares sont aussi célébrés aux carrefours.

21. Cicéron, *Quinct.*, 83; *Rosc.*, 23; *Sest.*, *30.* Seul, dans une ode pour le moins ambiguë, Horace parle de pauvres expulsés de chez eux emportant dans le pli de leur tunique les dieux de leurs pères, *Odes*, II, 18.

22. Valère Maxime, 9, 15, 2; Tacite, *Hist.*, 1, 15, 1; *Ann.*, 14, 61, 4; 15, 2, 1.

23. Sur leur rapatriement à Rome par dédoublement, voir *infra*, p. 61-64 et chap. 3.

24. *Origo gentis romanae 17* (anonyme qui cite sans doute des Annalistes du Ier siècle av. J.-C.).

25. Tzetzès, ad Lycophron, *Alex.*, 1232; Denys d'Halicarnasse, *Antiquités romaines*, I, 67, 12; Valère Maxime, I, 8.

26. Les autres Pénates sont des « doubles ».

27. Voir Introduction, p. 14 et suiv.

28. Nicolet, 1976, p. 40-68.

29. Denys d'Halicarnasse, *Antiquités romaines*, I, 4, 2.

30. Tite-Live, I, 8, 5-7.

31. Valère Maxime, I, 6, 7.

32. Denys d'Halicarnasse, *Antiquités romaines*, I, 55 et suiv.

33. Sur les animaux dans les fondations de colonie : Jacques Poucet, « Le motif de la truie romaine aux trente gorets », *Folia Électronica Classica* (Louvain-la-Neuve), n° 7, janvier-juin 2004, p. 2-4.

34. Varron, *De re rustica*, II, 4.

35. Ovide, *Fastes*, VI, 261-264.

36. Ovide, *Fastes*, III, 183-185.

37. Denys d'Halicarnasse (I, 57, 1) a vu une « *kalias* », c'est-à-dire en grec une « cabane ».

38. Denys d'Halicarnasse, I, 67.

39. Macrobe, *Saturnales*, 3, 4, 6 et suiv. Le résultat de fouilles archéologiques limitées à Pompéi donne juste une idée de la multiplicité potentielle des représentations.

40. Denys d'Halicarnasse, *Antiquités romaines*, I, 67.

CHAPITRE 3
Origo et *nomen latinum*

1. Tite-Live, I, 18.

2. Polybe donne un texte un peu différent. L'institution des fétiaux et du *pater patratus* dura jusqu'au IVᵉ siècle apr. J.-C.

3. Thomas, 1996, p. 159.

4. Grandazzi, 1988, p. 488-497, et Briquel, 1990.

5. Cazanove et Moatti, 1994, p. 14.

6. Thomas, 1996, p.134 et suiv.

7. Grandazzi, 1988, p. 489.

8. Aristote, *Politique*, VII, 9, 1329b.

9. Nicolet, 1976, p. 48-57. Citation p. 48.

10. Grandazzi, 2008.

11. Mary Beard, « The Sexual Status of *Vestal* Virgins », in *The Journal of Roman Studies*, vol. 70, 1980, p. 12-27. Les vestales possédaient un statut juridique très particulier. Elles étaient affranchies de l'autorité paternelle (*patria potestas*) et exemptées de la tutelle, donc aussi libres qu'un homme. Leur costume signifiait qu'elles étaient à la fois vierges et mariées.

12. Tite-Live, I, 14, 2, et surtout Denys d'Halicarnasse, *Antiquités romaines*, II, 52, 13.

13. Tite-Live, I, 28.

14. Thomas, 1996.

15. Cette façon de sacrifier, la tête voilée, est caractéristique du sacrifice romain, et Énée l'aurait pratiquée pour la première fois lors du sacrifice à Lavinium.

16. Ovide, *Fastes*, I, 709-722.

17. *Res gestae*, II, 12.

18. Thomas, 1996.

19. Dumézil, 1966, p. 340-344.

20. Plutarque, *Vie de César*, 61, 2-3.

21. *Nostra memoria* signifie en latin souvent « de notre temps ». Voir Baroin, 2010.

22. Comme en attestent le discours de l'empereur Claude au Sénat et celui de Camille au peuple romain. Voir *supra*, p. 12 et 55.

23. Cornelius Nepos, XXIV, 2-4.
24. Voir p. 41.
25. Caton, *Origines*, I, 6.
26. Denys d'Halicarnasse, *Antiquités romaines*, I, 11.
27. Voir *supra*, p. 86.
28. Denys d'Halicarnasse, *Antiquités romaines*, I, 10.
29. Denys d'Halicarnasse, *Antiquités romaines*, I, 13.
30. Créé en 2005 par le CNRS, le Centre national des ressources textuelles et lexicales fédère au sein d'un portail unique un ensemble de ressources linguistiques informatisées et d'outils de traitement de la langue.

CHAPITRE 4
Comment s'écrit l'*Énéide* : une poétique de l'*origo*

1. Deremetz, 1995. Dans son chapitre « Le mythe de la double fondation », p.117-127, l'auteur analyse de façon très pertinente le mythe d'une double nature, occidentale et orientale, des Romains, aboutissant à une « *koinè* politique et culturelle » au Ier siècle av. J.-C. Mais « l'identité romaine » ne se réduit pas à ce métissage italico-troyen, c'est-à-dire en fait italico-grec : voir *infra*, Conclusion, p. 157.
2. Fustel de Coulanges, *La cité antique. Étude sur le culte, le droit, les institutions de la Grèce et de Rome*, Hachette, 1866, Livre III, chapitre 5.
3. Macrobe, *Saturnales*, V, 2.
4. Nous utilisons ce terme de *remake* emprunté au cinéma plutôt que celui d'imitation car il est plus proche de la pratique que les Anciens appelaient *retractatio*.
5. L'hexamètre dactylique est un vers mesuré, non syllabique, qui utilise l'alternance de syllabes longues et de syllabes brèves, formant des mètres. La césure coupe le vers en deux, au milieu d'une mesure, à une place variable, après 3/2, 5/2 ou 7/2 mètres.
6. Tithon est l'époux (mortel) de l'Aurore. Même formule en IX, 459-460.
7. Sur l'importance de la critique philologique d'Homère et l'usage de l'exégèse alexandrine du texte modèle dans la poésie augustéenne : voir différents articles de Jean-Christophe Jolivet dans *Dictynna* : http://www.univ-lille3.fr/revues/dictynna, en particulier « *Nyctegresiae Romanae.* Exégèse homérique et *retractatio* de la Dolonie chez

Virgile et Ovide », 2004; et Alessandro Barchiesi, *La traccia del modello. Effetti omerici nella narrazione virgiliana*, Pise, 1984.

8. *Proemium* ou proème : se dit du prologue d'un poème épique.

9. Voir p. 101 et suiv.

10. Aulu-Gelle, *Nuits attiques*, XVIII, 9, 5.

11. Aulu-Gelle, *Nuits attiques*, XVIII, 9, 3.

12. Valette-Cagnac, 2005 : « *Vtraque lingua* », p. 7-36.

13. Ce type de traduction n'a rien à voir avec les traductions diplomatiques en grec et langues barbares qui ont pour but de créer des textes incontestables pour toutes les parties impliquées.

14. Pour une étude approfondie de *monumentum*, *memorare* et *memoria*, voir Baroin, 2010, p. 23 et suiv.

15. Par exemple, les commentaires de Macrobe dans les *Saturnales* ou les gloses de Servius. Maurus Servius Honoratus, grammairien de la fin du IVe siècle, est l'auteur d'un livre de commentaires sur Virgile et l'un des convives des *Saturnales*.

16. Ovide, *Fastes*, VI, 261-264.

17. VIII, 359-869.

18. Film de Terry Jones avec les Monty Python (1979). Parodie de la vie du Christ au « 36e degré » : va-et-vient entre les Évangiles, une modernité agressive et du péplum classique.

19. Les *ludi* ne comportent pas de course de bateaux, l'imaginaire romain n'exalte pas plus la navigation que la chasse. Les seules images empruntées à la navigation sont celles du *naufragium* comme celle du piège empruntée à la chasse.

20. Thucydide (I, 13) mentionne les premières à Corinthe au VIIIe siècle av. J.-C., où, selon la tradition grecque, l'architecte naval Améinoclès en aurait construit quatre vers 704 av. J.-C., destinées aux Samiens.

21. *Rome*, film anglo-italien à destination de la télévision, de Bruno Heller, John Milius et William J. MacDonald, 2005-2007.

22. Les premières naumachies sont celle de César, en 46 av. J.-C., et celle d'Auguste en 2 av. J.-C., pour l'inauguration du temple Mars Ultor, que Virgile n'a pas pu voir puisqu'il est mort en 19 av. J.-C.

23. Denys d'Halicarnasse, *Antiquités romaines*, VII, 72-73.

24. Sur le contrat de lecture, voir Michel Charles, *Rhétorique de la lecture*, Le Seuil, 1977.

25. « *Dum uariis tumulo referunt sollemnia ludis* », *Énéide*, V, 605.

26. Suétone, *Auguste*, 43.

27. Les philologues modernes ont suggéré d'y voir un vieux terme signifiant « mouvement, danse » (cf. les verbes archaïques *amptruare*, *redamptruare*), qui n'aurait rien à voir avec la ville de Troie. Ce n'est

que plus tard qu'on aurait associé abusivement le *lusus Troiae* et la ville d'Énée.

28. Même jeu en V, 235-236.

29. Sur l'archaïsme antique, voir dans *Ktèma* 2006, en particulier Mary Beard, « Les origines archaïques du triomphe romain », p.131-136, et Emmanuelle Valette-Cagnac, « *Prisca uerba.* Valeurs et usages de l'ancien dans les conceptions romaines du langage en acte », p. 137-154.

CHAPITRE 5
Généalogie, étymologie et *origo*

1. Sur ce point voir Bretin-Chabrol, 2009, p. 295-318, qui sera beaucoup utilisé dans ce chapitre.

2. Servius, *Ad En*, 5, 117, fait aussi de Gyas l'ancêtre de la *gens Gegania.* La famille Sergia est connue notamment par Catilina.

3. À l'époque de Virgile, des érudits comme Varron et Hygin avaient rédigé des traités intitulés *De familiis Troianis.*

4. Voir *supra*, ch. 1.

5. Exemples empruntés à Bretin-Chabrol, 2009, p. 296 et suiv.

6. Festus (Paulus), 77 L.

7. Plutarque, *Vie de Fabius Maximus*, I, 2.

8. Fabius Rullus (maître de la cavalerie en 325, consul en 322, 310, 308, 297, 295 av. J.-C.).

9. Caton, *Origines*, fr. II, 24; Servius, *Ad En*, I, 2.

10. *Énéide*, II, 531.

11. Tite-Live, I, 33.

12. Octavus n'est apparenté à C. Julius Caesar que par les femmes et son adoption testamentaire.

13. David Halperin, « Les héros et leurs copains », *Cent ans d'homosexualité*, EPEL, 2000, p.105-112; sur l'épisode de Nisus et Euryale, voir Florence Dupont et Thierry Éloi, *L'érotisme masculin dans la Rome antique*, Belin, 2001, p. 59-82.

14. Caton, I, 19. Selon Jean le Lydien, *Sur les magistratures du peuple romain*, I, 5.

15. Les exemples sont empruntés pour la plupart à Bretin-Chabrol, 2007.

16. Voir *supra*, p. 39.

17. Bretin-Chabrol, 2009, p. 310.

18. Bretin-Chabrol, 2009, p. 306.

19. F. Mencacci, *Genealogia metaforica e « maiores » collettivi (prospettive antropologiche sulla costruzione dei « Viri illustres »)*, dans

M. Coudry et Th. Späth (dir.), *L'invention des grands hommes de la Rome antique*, Actes du colloque du Collegium Beatus Rhenanus (16-18 sept. 1999), 2001, p. 433-434, et Dion Cassius, LVI, 34, 2.

20. Badel, 2005, p. 222-226.

21. Voir p. 148-156; 158 et suiv.

CHAPITRE 6

Comment Énée dans l'*Énéide* réussit à ne pas être un fondateur

1. Texte daté par les Anciens du VIIe siècle av. J.-C., mais sans doute plus récent.

2. Pour les sources anciennes, voir article « *Aeneas* » dans le *Dictionnaire des antiquités grecques et romaines* de Daremberg et Saglio : http://dagr.univ-tlse2.fr

3. Charles Segal, « The Song of Iopas in the *Aeneid* », *Hermes*, vol. 99, n° 3 (1971), p. 336-349. Poème astronomique de plus de 1 000 vers d'Aratos, IIIe siècle av. J.-C., qui eut un énorme succès.

4. Fils du Titan Japet, frère de Prométhée, Atlas participa à la guerre des Titans contre Jupiter, et fut pour cela condamné à porter le ciel sur ses épaules et à en faire tourner l'axe (selon certaines légendes, il aurait enseigné l'astronomie à Hercule).

5. *Énéide*, II, 773-795.

6. Figure poétique pour dire des liens de parenté.

7. Dardanus avait un frère, Iasion, ici Iasius. Selon certaines traditions, ils auraient l'un et l'autre quitté l'Italie, Dardanus s'installant à Troie, et Iasius à Samothrace.

8. *Énéide*, III, 303 et 305.

9. Comme toujours en ce qui concerne l'histoire du Latium, la question : « Qui est quoi ? » est une mauvaise question. La ville d'Ardée a revendiqué plusieurs origines, selon plusieurs récits de fondation. On distingue ainsi une tradition argienne, qui vise à rattacher Ardée à l'épos grec, une tradition troyenne (distincte des traditions troyennes de Rome et Lavinium), qui pose Ardée comme la concurrente de Lavinium, et une tradition « rutule », c'est-à-dire « latine ». Voir Stéphane Bourdin, « Ardée et les Rutules : Réflexions sur l'émergence et le maintien des identités ethniques des populations du Latium préromain », *Mélanges de l'École Française de Rome. Antiquité*, 2005, vol. 117, n° 2.

10. *Énéide*, VIII, 502-503.

11. *Énéide*, X, 154-156.

12. *Énéide*, VIII, 331.

13. *Énéide*, VI, 93-95.

14. D'où les allusions à l'*Odyssée* dans cette partie de l'*Énéide*, comme les passages sur le Cyclope, Charybde et Scylla, Circé...

15. *Énéide*, VIII, 50-54.

16. *Énéide*, VIII, 134-142.

17. *Énéide*, III, 94-96, 163-171 et 179-181.

18. Giardina, 1997, p. 70-77.

19. *Énéide*, VIII, 134-136.

20. *Énéide*, VIII, 480.

21. Dion Cassius, LVI, 33 : « Il était aussi d'avis qu'on se contentât des limites actuelles de l'empire, sans chercher aucunement à les étendre; car il serait, dans ce cas, prétendait-il, difficile à garder, et on courrait par là le risque de perdre même ce qu'on possédait en ce moment. C'était, du reste, une maxime qu'il suivait lui-même constamment dans ses discours, comme dans ses actions : plusieurs fois, il aurait pu faire des conquêtes sur les peuples barbares, il ne l'avait pas voulu. »

22. En attestent trois décrets : le premier décret est daté de 133 av. J.-C. Il a été gravé sur une stèle de marbre retrouvée au théâtre de Pergame. Le second est daté de 130-129 av. J.-C., il a été gravé sur du bronze et retrouvé dans un village voisin de Pergame. Le troisième décret émane du Sénat romain. Il date de 129 av. J.-C. Une copie de ce sénatus-consulte a été retrouvée à Pergame et une autre à Synnada en Phrygie.

23. Horace, *Odes*, III, 3.

24. Comme le souligne Giardina, 1997, p. 75.

25. Le livre de Giardina est visiblement travaillé par les événements actuels en Italie, la tendance sécessionniste de la ligue du Nord et, derrière cette actualité, toute l'histoire de l'unité italienne.

26. 74 occurrences sous diverses formes : Dardanos, Dardanios, Dardanides.

27. *Énéide*, I, 600.

28. Philippe Borgeaud, *La mère des dieux*, Le Seuil, 1996, p. 89-104.

CONCLUSION

L'*origo* est-elle un métissage?

1. Voir *supra*, p. 146.

2. Cicéron, *De legibus*, II, 5.

3. *Énéide*, XII, 820-827. Texte cité et commenté *infra*, p. 164 et suiv.

4. Voir *supra*, ch. 1.
5. Dion Cassius, frag. VIII.
6. Voir *supra*, p. 129.
7. « *Hectoros hippodamoio* », *Iliade*, XXIV, 804 et *passim.*
8. Deremetz, 1995 : chapitre 5, « Poétiques de la Romanité : le mythe de la double fondation », p. 117-127. Citations p. 118 et 120.
9. Giardina, 1997, p. 20 et suiv.
10. Un usage étonnant de la *suggeneia* troyenne, dans l'alliance avec les Éduens (Gaulois) : « *fratres nostri* », écrit Cicéron dans une lettre à Atticus. César rappelle que le Sénat utilisait la formule « *fratres consanguineique* » à l'égard des Éduens. Les Éduens comme Gaulois ont-ils fait jouer des rapports, lointains, avec les Galates qui avaient envahi la Phrygie ?
11. Bettini, 2009, chapitre 11, « Un'identità "Troppo compiuta". Filiazione, stirpe e razzia nell'*Eneide* di Vergilio », p. 273-301.
12. Bettini, 2009, note 10, p. 276. Dion Cassius, II : « Le nom d'Ausonie n'appartient proprement, comme l'écrit Dion Cocceianus, qu'au pays des Aurunces, situé entre celui des Campaniens et celui des Volsques, le long de la mer. Plusieurs ont pensé qu'elle s'étendait jusqu'au Latium, ce qui fit appeler Ausonie l'Italie entière. »
13. *Énéide*, VII, 783-817.
14. *Énéide*, V, 713 et suiv., V, 605 et suiv.
15. Voir *supra*, p. 27.
16. « (...) ta pauvre mère (...)
elle qui, seule parmi d'innombrables mères, a osé te suivre,
cher enfant, sans se soucier des remparts du grand Aceste. »
(*Énéide*, IX, 216-218)
17. Bettini, 2009.
18. *Énéide*, VII, 101.
19. Voir *supra*, p. 89.
20. Thomas, 1996, p.150, et A. Fraschetti, *Rome et le Prince*, 1994, Belin.
21. Moatti, 1997, chapitre 6, « La construction de l'universel romain », p. 257-300.
22. Moatti, 1997, p. 265 et suiv. Son erreur vient principalement de ce qu'elle traduit *gens* par « race » ou « ethnie », puis réfléchit à partir de sa traduction de façon donc ethnocentrique et anachronique.
23. Voir *supra*, p. 12-13.
24. Seston William et Maurice Euzennat, « Un dossier de la chancellerie romaine : La Tabula Banasitana. Étude de diplomatique », in *Comptes-rendus des séances de l'Académie des inscriptions et belles-lettres*, 115e année, no 3, 1971, p. 468-490.

25. Moatti, 1997, p. 287-293, citation p. 291.
26. Thomas, 1996.
27. Térence, *Héautontimoroumenos*, 77.
28. *Homo* en latin est un terme neutre (on). Souvent péjoratif, il désigne n'importe qui et ne veut pas dire « être humain ».
29. *De legibus*, I, X, 28-30.
30. René Girard, *Le bouc émissaire*, Grasset, 1982. Michel Serres (1983) reprend partiellement à son compte cette lecture.
31. Klein, 2010, p. 156-157.
32. Thomas, 1996.
33. Klein, 2010, p.10.
34. Klein, 2010, p.40.
35. Exemple repris par Klein, 2010, p.149-150.
36. Giardina, 1997, p. 77.
37. Jullien, 2009.

Bibliographie

Badel, Christophe : *La noblesse de l'Empire romain. Les masques et la vertu*, Champ Vallon, 2005.
Barchiesi, Alessandro : *La traccia del modello. Effetti omerici nella narrazione virgiliana*, Pise, 1984.
Baroin, Catherine : *Se souvenir à Rome*, Belin, 2010.
Beard, Mary, et Crawford Michael : *Rome et l'Italie à la fin de la République (218-31 av. J.-C.)*, Presses Universitaires du Mirail, 1993.
Bettini, Maurizio : *Affari di famiglia*, Il Mulino, Bologne, 2009.
Borgeaud, Philippe : *La mère des dieux*, Le Seuil, 1996.
Bretin-Chabrol, Marine : « Les généalogies d'Énée chez Homère et Virgile : aspects de la mémoire sélective des Romains », *Latomus*, n° 69 (2), 2009.
Briquel, Dominique : « Le regard des Grecs sur l'Italie indigène », dans *Crise et transformation des sociétés archaïques de l'Italie antique au ve s. av. J.-C.*, EFR, 2010, p. 165-188.
Calame, Claude : *Mythe et histoire dans l'Antiquité grecque. La création symbolique d'une colonie*, Payot-Lausanne, 1996.
Calame, Claude, Dupont, Florence, et Manca, Maria : *La voix actée. Pour une nouvelle ethnopoétique*, Kimé, 2010.
Cazanove, Olivier de, et Moatti, Claudia : *L'Italie romaine d'Hannibal à César*, Armand Colin, 1994.
Charles, Michel : *Rhétorique de la lecture*, Le Seuil, 1977.
David, Jean-Michel : *La romanisation de l'Italie*, Flammarion, 1997.
Deremetz, Alain : *Le miroir des Muses. Poétiques de la réflexivité à Rome*, Presses Universitaires du Septentrion, 1995.
Dubourdieu, Annie : *Les origines et le développement du culte des Pénates à Rome*, EFR, Rome-Paris, 1989.
Dumézil, Georges : *La religion romaine archaïque*, Payot, 1966.

Dupont, Florence, et Valette-Cagnac, Emmanuelle : *Façons de parler grec à Rome*, Belin, 2005.
Fraschetti, Augusto : *Rome et le Prince*, Belin, 1994 (trad. fr.).
Gardner, Jane F. : *Mythes romains* (*Roman Myths*, 1993), Le Seuil, Points, 1995.
Giardina, Andrea : *L'Italia romana. Storie di un'identità incompiuta*, Laterza, Bari, 1997.
Grandazzi, Alexandre : *Alba Longa, histoire d'une légende : recherches sur l'archéologie, la religion, les traditions de l'ancien Latium*, EFR, Rome, 2008.
Grandazzi, Alexandre : *La Fondation de Rome. Réflexion sur l'histoire*, Les Belles Lettres, 1991.
Grimal, Pierre : *Virgile ou la seconde naissance de Rome*, Flammarion, 1985.
Humm, Michel : *Rome* polis hellènis. *Identité culturelle et réception de l'hellénisme à Rome (des origines à l'époque tardo-républicaine)*, Mémoire de recherche pour l'HDR, Strasbourg II, 2007, à paraître.
Jullien, François : *Les transformations silencieuses*, Grasset, 2009.
Klein, Étienne : *Discours sur l'origine de l'univers*, Flammarion, 2010.
Mètis, NS 3, 2005, « Et si les Romains avaient inventé la Grèce ? ».
Moatti, Claudia : *La raison de Rome. Naissance de l'esprit critique à la fin de la République*, Le Seuil, 1997.
Nicolet, Claude : *Le métier de citoyen romain*, Gallimard, 1976.
Orlin, Eric : *Foreign Cults in Rome. Creating a Roman Empire*, Oxford-New York, Oxford University Press, 2010.
Poucet, Jacques : *Les origines de Rome. Tradition et histoire*, Publication des Facultés universitaires Saint-Louis Bruxelles, 1985.
Scheid, John : *Quand faire c'est croire. Les rites sacrificiels des Romains*, Aubier, 2005.
Serres, Michel : *Rome. Le livre des fondations*, Grasset, 1983.
Thomas, Yan : *« Origine » et « commune patrie ». Étude de droit public romain (89 av. J.-C. - 212 apr. J.-C.)*, EFR, Paris-Rome, 1996.
Veyne, Paul : *Les Grecs ont-ils cru à leurs mythes ?* Le Seuil, 1983.

Table

Introduction

Identité nationale et origines à Rome : l'*origo*

Chapitre 1

Aux origines de Rome il n'y a que des histoires grecques

Chapitre 2

L'*origo* rituelle de Rome : le pèlerinage à Lavinium

Chapitre 3

Origo et *nomen latinum*

Chapitre 4

Comment s'écrit l'*Énéide* : une poétique de l'*origo*

Chapitre 5

Généalogie, étymologie et *origo*

Chapitre 6

Comment Énée dans l'*Énéide* réussit à ne pas être un fondateur

Conclusion

L'*origo* est-elle un métissage ?

SUITE DES ŒUVRES DE FLORENCE DUPONT

À l'Imprimerie nationale

Sénèque, *Théâtre complet,* 2 vol.
(édition et traduction), 1992, 2004.

Aux Éditions Kimé

Euripide, *Médée* (traduction et préface ; postface de Laurent Fréchuret), 2009.
La voix actée. Pour une nouvelle ethnopoétique
(direction d'ouvrage, avec Claude Calame, Bernard Lortat-Jacob et Maria Manca), 2010.

Aux Presses universitaires de France

L'orateur sans visage : essai sur l'acteur romain et son masque, 2000.

Le Promeneur a publié
Derniers titres parus

Florence Dupont
L'insignifiance tragique

Pierre Klossowski
Tableaux vivants

Angelica Garnett
Les deux cœurs de Bloomsbury

Louise de Vilmorin
Intimités
Démone et autres textes

Pierre Klossowski
Écrits d'un monomane

Jean Henry
Journal d'un voyage à Paris en 1814

Stendhal
Salons

Mario Soldati
L'acteur

Giorgio Manganelli
Éloge du tyran

Friedrich Glauser
Gourrama

Olivier Larronde
Œuvres poétiques complètes
L'Ivraie en ordre

Heinrich von Kleist
Œuvres complètes IV
(Théâtre II)

François Sentein
Minutes d'un libéré 1944

Mario Soldati
La vérité sur l'affaire Motta

Patrick Mauriès
Louise de Vilmorin, un album

Pierre Skira et Patrick Mauriès
Traité d'incertitude

Jean-Jacques Bouchard
Confessions

François Sentein
Minutes d'une autre année 1945

Giorgio Manganelli
Le crime paie, mais c'est pas évident

Miquel Barceló
Carnets d'Afrique

Francis Wheen
Qui était le Pr. Charlotte Bach ?

Louise de Vilmorin
Correspondance avec ses amis

Louise de Vilmorin
L'Alphabet des Aveux

Patrick Mauriès
Line Vautrin, Miroirs

Gabriel Naudé
Considérations politiques sur les coups d'État

Marcel Moré
Le très curieux Jules Verne

Patrick Dandrey
Anthologie de l'humeur noire d'Hippocrate à l'Encyclopédie
(Écrits sur la mélancolie)

Mario Soldati
Amérique, premier amour

Patrick Mauriès
Pierre Skira

Collectif
Marcel Schwob. L'Homme au masque d'or

Patrick Mauriès
Charles-Frédéric Soehnée

Patrick Mauriès
Serge Roche

Louise de Vilmorin
Le violon de Crémone

Gretel Adorno — Walter Benjamin
Correspondance 1930-1940

Denis Polge
Les eaux dormantes

Laurent Turcot
Le promeneur à Paris au XVIIIe siècle

Jacqueline Demornex
Lucien Lelong

Alain Mérot
Généalogies du baroque

Pierre Lesieur
Les ateliers

Louise de Vilmorin, Duff et Diana Cooper
Correspondance à trois
Les Mémoires du Baron Mollet

Paul Collins
La Folie de Banvard

Marguerite Yourcenar
Croquis et griffonnis, par Sue Lonoff de Cuevas

Bernard Williams
Sur l'opéra

Denis Polge
Autres rives

Collectif
Description raisonnée d'une jolie collection de livres

Walter Benjamin
Rêves

Mario Soldati
L'Incendie

Pere Gimferrer
Interlude bleu

Virginia Woolf — Lytton Strachey
Correspondance

Ennio Flaiano
Un temps pour tuer

Samuel Johnson
Vie de Richard Savage

Philippe Beaussant
Le Ballet des singes et des autruches

Lucien
Épigrammes
suivi de
Apologie du dilettante, par Alberto Savinio

Patrick Mauriès
Lina Baretti, parures

Leonor Fini
André Pieyre de Mandiargues
L'ombre portée
(Correspondance 1932-1945)

Mario Soldati
L'épouse américaine

Achevé d'imprimer
par l'Imprimerie Floch
à Mayenne, le 22 février 2012.
Dépôt légal : février 2012.
1er dépôt légal : juin 2011.
Numéro d'imprimeur : 81779.

ISBN 978-2-07-012939-3/Imprimé en France.

243599